子どもが自慢したいパパになる

最強の「お父さん道」

向谷匡史

新泉社

はじめに

子育てとは、お父さんの「生き方」が問われることである。

どうしつけるかより先に、

「自分は父親として、どうあるべきか」

ということをわが身に問いかけることが、何より大事だ。

自問し、自分の生き方を見つめ直し、わが子の将来に思いを馳せ、ここで得た結論によって育て、教え、二人三脚で駆けていく。「子育て」と「お父さんの生き方」は不即不離の関係にある。この自覚に至る過程を、私は「お父さん道」と呼ぶ。

子育て、しつけ、さらに父親の接し方については多くの本が出版されている。児童心理学など専門分野から書かれている本もあれば、教育者の視点から解き明かした本もある。

なるほどと共感する一方で、

「しかし」

という思いが、正直言って、残る。

私は空手道場で子どもたちに接し、保護司として犯罪をおかした少年たちの更生に関わり、僧侶という立場で常に人間の存在ということについて考えている。空手道場というコミュニティーは、小学校と違って子どもたちに通う義務はなく、嫌になればその日からでもやめられる。保護観察の少年たちは、家庭裁判所の命令によって保護司の私の観察下にあるだけで、みずから好んで会っているわけではない。そういう意味で、笑顔の下に緊張感をはらんだ人間関係にある。

こうした経験を通じて、私は子どもたちとの接し方について試行錯誤を繰り返し、この歳に至って自分なりに結論を得た。実戦を通じて培った経験則を、仏法という普遍の価値観に照らし合わせ、「お父さん道」として本書にまとめた。「経験は百巻の書に勝る」ということにおいて、机上の教育論とは一線を画するものと、いささかの自負をもっている。

私は週刊誌記者を振り出しに物書きに転じ、経営トップから政治家、スポーツ選手、芸能人、さらに社会の裏側に棲息する人物まで数え切れないほどの人物にインタビューし、記事に、書籍に書いてきた。こうした経験に自分の体験を重ね合わせて痛感するのは、「三つ子の魂」が百までであるなら、人生観と価値観を大きく左右するのは、社会との関わりを現実として意識しはじめる小学生時代であるということだ。

本書のコンセプトを「小学生までの子どもをもつお父さんへ」としたのは、そういう理由による。

目次に目を通していただければおわかりのように、「子どもが自慢したいパパになる」――言葉を替えれば、「子どもを自慢するのではなく、子どもに自慢されるお父さんになってほしい」ということを、思いの丈を込め、私の体験にもとづく具体例で書いた。父親としての在り方と子育てに資するものと確信する次第である。

大地に播いた一粒の種は発芽すると、燦々《さんさん》たる陽光を浴び、水と養分を吸収し、やがて大輪の花を咲かせる。それと同じように、子どもは素晴らしい可能性を秘めている。お父さんとは子どもにとって陽光であり、水であり、養分である。このことに、いつ気づくことができるか。

子どもの人生は、お父さんの掌中にある。

向谷匡史

子どもが自慢したいパパになる　最強の「お父さん道」―目次

第五章　子どもと触れ合う

装幀
松田行正＋杉本聖士

第一章

〝父親〟の自覚をもつ

一　大人と子どもを区別する

冬場の稽古は寒い。空手道場はエアコンのほかに、石油ストーブも使用している。寒がりの私は生暖かいエアコンより、ストーブの直火のほうを好む。ストーブの前が、私の指定席になっている。

道場のほか、中学校の剣道場を借りて稽古をしているが、ここは火の気がない。だから〝完全武装〟である。

稽古着の上にウォームアップスーツ、さらにベンチコートを着込み、頭はスキンヘッドなのでウールの帽子、そして号令をかけるだけの私は足袋《たび》を履いて臨む。子どもたちも暖かくはしているが、足元だけはいかんともしがたい。

「足が冷たい！」

と顔をしかめながら、

「館長だけズルイ」

と、私の足袋をニラみつけて批難するのだ。

子どもたちは何の疑いもなく「平等」を口にする。人間は平等であるべきことは言《げん》をまたないが、それは広義の意味を含めた人権のことであって、大人と子どもが「同等」ということではないと、私は思っている。

だから言う。

「なぜ、館長がズルイんだ？　館長は教える人で、キミらは教わる人。館長は年寄りで、キミらは若い。足袋を履いて、なぜ悪い？」

「だって、だって」

と口をとがらせるが論破はできない。

私は大人と子どもの間に一線を引き、厳然と区別するべきだと思っている。

レストランで、こんな光景を見た。若夫婦と姉弟二人の子どもが入ってきて、私たち夫婦の隣のテーブルに座った。

メニューを見ながら、

「オレは生ビール。キミは？」

「じゃ、私は白のグラスワインをもらおうかな」

と言ったときだった。

「パパとママだけズルい！」

小学校の三、四年生だろうか。ズルいを連発して、「ボク、ジュース！」とダダをこねたところが、

「パパとママと、おまえは違う」

お父さんが凜とした声で言った。

「どうして」

子どもが口をとがらせると、

「遊園地の入場料は大人のほうが高いぞ。子どもが安いのはズルイじゃないか」

「遊園地はいいんだ」

「電車だって子どものほうが安い。なんで安いんだ？」

子どもが黙ったところで、

「だけど、今日はお利口にしていたからジュースを飲んでよし」

白い歯を見せて言った。

お父さんは最初からジュースを頼んでやるつもりでいたのだろうが、この機会に「子どもと大人は違う」というひと言を言いたかったに違いない。父子のやりとりを目の端でとらえながら、私は腹のなかでニヤニヤしながら思ったものだった。

「大人の身勝手」は子どもの教育上よろしくないという。そのことを承知しながらも、

親の努力で子が養われている事実は教えておく必要がある。「いま飲んだジュースは、パパが仕事をして得たお金で買ったものである」――といったしつけがなされていないから、

「子を養うのは親の義務だ」

と、身勝手なことを子どもが言うようになる。義務であることは当然だが、養われる当事者が言うべきことではない。このことに気づかせることが、しつけではないのか。感謝を知らない子どもに育ててはなるまい。

「大人とは違う」と頭ごなしに言われると、子どもは理不尽に感じる。実際、大人がこの言葉を口にするときは、大人にだけ都合のいいことが多い。だが、それでも私は、**大人と子どもは違うということを教えるべき**だと思うのである。

二　夫婦関係の影響を考える

夫婦関係をテーマにした書籍は山のようにある。

一読して、なるほどと思う。

「お互いを尊重せよ」

と言われればそのとおりだし、

「結婚生活とは忍耐である」

という一語には、既婚者の誰もが膝を打つことだろう。

夫婦とは他人同士が出遇い、一つ屋根の下で暮らすことだ。楽しい日々もあれば、罵り合うことだってある。嘆息することもある。「結婚なんかしなければよかった」と後悔することだってあるだろう。生身の人間が一緒に暮らすということは、喜怒哀楽という修羅場に翻弄されることでもあるのだ。

だが、これは「夫」としての立場であって、「お父さん」のそれからすれば、おのずと処し方は変わってくる。子をなした以上、一人前に育て、社会に送り出すまでは親の責務だ。離婚せざるを得ない理由もあるだろうし、離婚を否定するわけではない。親も自分の人生を生きる権利がある。さっさと別れて新しい人生を始めるのもいいだろう。それを認めながらも、「嫌いになったから」「性格が合わないから」といった理由で離婚するのは、やはり親のエゴだと私は思う。

両親の仲が険悪になり、顔を曇らせた子どもは、これまで道場で何人かいた。あるとき、稽古が終わっても、ぐずぐずと居残っている男子がいた。小学生たちは稽古が終わるや喜んで一散に帰って行くので、私は気になった。

「どうした? 帰らないのか?」

問いかけると、

「パパとママがケンカしているから」

と、小さな声で言った。

「そうか、夫婦ゲンカか。だけど館長だって、家でよくケンカするぞ」

笑い飛ばすと、

「だけど、どっちと暮らすか決めろってママに訊かれたんだ。ボク、なんて答えていいか困っちゃって……」

おそらく、ケンカした弾みで離婚を口にし、

「あなたはどっちと暮らすの！　パパなの？　ママなの？」

とでも迫ったのだろう。当てつけで口走ったのであって、深く考えて言ったわけでもないだろうが、そのひと言に子どもがどれほど傷ついているか、親たちは気づかない。その子は、「どっちと暮らすか」と問われることを恐れて、道場でぐすぐずしているのである。

「じゃ、こう言えばいい。パパとママと両方と暮らしたい」

アドバイスし、肩を叩いて帰した。

次回の稽古は、その子は明るい顔でやって来た。友達とふざけている。夫婦ゲンカは丸く収まったのだろう。私はあえて触れなかった。

道場で子どもたちに接していてつくづく感じるのは、**夫婦仲がよく、笑いの絶えない家庭で育つ子どもは屈託がない**ということだ。性格が明るい。片親でもこのことは言える。だが、生きるということは苦と二人三脚である。毎日を笑顔で暮らすわけにはいかない。それを承知してなお、笑顔で暮らすことができるか。

夫婦を論じれば一冊を費やすほどになるが、煎じ詰めれば、「**夫婦して笑顔で暮らす**」**という一語に集約される**のである。

三　父親としての覚悟をもつ

「武道を習わせれば、わが子がしっかりするのではないか」

私の空手道場に子どもを入会させるお父さんの多くに、この思いがある。選手になって活躍するよりも、「礼儀を身につけさせたい」「いじめに負けない子にしたい」「病弱なので健康にしたい」といった入会動機を口にする。ここが野球やサッカーと違うところだと、私は思っている。

空手は他のスポーツにくらべてゲーム的要素が少ない。しかも一対一の格闘技であり、「強い」「弱い」という根源的な力量を競う。空手もオリンピック種目に採用されるなど、時代の趨勢によってスポーツ化してきたが、それでも「楽しむ」というより「修行」という精神的な要素が強く、ここに武道の際立った特徴がある。

だからだろう。

「うちの子、続くでしょうか」

と、稽古の様子を見学に来た若いお父さんが、不安そうに私に問いかけてくる。心配はもっともだ。お父さんも、この問いかけに何の疑問も持っていない。だが、この問いかけは本当に正しいのだろうか？　私はそうは思わない。だから問いかけに対して、問いかけで答える。

「お父さんは、お子さんに空手を続けさせる覚悟はありますか？」

質問の真意がわからず、返答に詰まるお父さんに、こう説明する。

「続くのなら入会する、続かないなら入会しない――。この考え方は、宝くじが当たるなら買う、当たらないなら買わないという発想と同じではないですか？　問われるべきは、子どもが続くかどうかではなく、一定の到達点まで続けさせる覚悟がお父さんにあるかどうかです。勉強の成績が上がるなら塾に入れる、上がらないなら入れないという発想も同じです。大事なことは、成績が上がるように勉強させる覚悟がお父さんにあるかどうかではないですか？」

これまで、続きそうにない子を何人も預かってきた。精神的に強くしようと親心で入会させたものの、子どもが引っ込み思案で、みんなと稽古するのを嫌がるケースだ。小学校も低学年あたりだと、お父さんが道場に入れようとしても、入口で身体を突っ張って泣き喚《わめ》く子もいる。

「やると約束したじゃないか！」

叱責しても言うことを聞かず、業を煮やして手を引きずるお父さんと、入口で壮絶なバトルになる。あるいは道場に入りはしても、整列はもちろん、みんなと一緒に稽古することができず、背を向けて板壁と対面したままでいる子もいた。

大事なことは、このときお父さんがどう対処するかだ。

「やっぱりダメですね」

と言って早々に白旗を上げ、退会していくケースもある。ダメだと判断したら、さっさと見切るのも一つの処し方だろう。だが、「イヤだ」という抵抗が聞き入れられれば、「お父さんはそうしたものである」という意識が子どもに刷り込まれる。一事が万事で、こういう子どもは**お父さんの言うことを聞かず、何事も易きに流れるようになる**。

なぜなら、その逆が何例もあるからだ。

子どもが道場の入口で泣き叫べば、叱責するのではなく、父子で一緒に入ってきて道場の隅で見学をする。それに馴れてくれれば、お父さんが途中退席して、子どもを一人で残す。さらに私が様子をみながら、子どもたちをグループ分けし、小さな〝友達の輪〟にその子を入れる。

こうして稽古に溶け込んでいく例はいくつもあるが、ポイントは、

「お父さんは道場を休ませてくれない」

という認識を子どもに与えることなのだ。

これによって、子どもは「イヤだ」が父親に通じないことを無意識にさとり、それが子ども自身の背中を押すことになる。道場の入口で壮絶なバトルを展開した子どもが、やがて黒帯を取得するまでに成長する。大会に出場してメダルも取る。リーダーになって号令もかける。

そんな姿を何例も見るにつけ、**何か一つのことをやらせるとき、目標として設定した成果が出るまではなんとしても継続させる**という「お父さんの覚悟」の重要さを、私は嚙みしめるのだ。

子どもも壁を超えるのに苦労するだろう。自分との闘いである。勇気もいる。だが、子どもを思い切って飛ばせる力は、「お父さんはあともどりさせてくれない」という得心であることをキモに銘じたい。

四　「見られている」のを意識する

あなたがどんな人間であるかは、相手が決める。

「身勝手なヤツ」

と思えば、あなたは「身勝手な人間」ということになる。

「いや、違う、私ほど気づかいしている人間はいない」

と、いくら抗弁しても無意味。それはあなた自身の評価であって、どんな人間であるかは、相手の判断にゆだねられている。

これが人間関係の本質だ。

だから私たちは「世間の目」を気にする。自分流を貫く人であっても、世間の目は心の片隅に巣くって離れない。

自分という全人格が「相手」によって評価される以上、それは当然のことであり、私たちが人間関係に気を配り、腐心する理由はそこにある。

（自分は上司にどう評価されているだろうか、部下や後輩は自分をどう見ているのだろうか、取り引き先に気に入られているだろうか……）

相手の視点に立って自分を客観的に判断し、組織における立ち位置を自覚して行動できる人が、職場では有能とされる。

ところが、職場では有能なはずのお父さんに、決定的に欠落している視点がある。「父親としての自分は、わが子からどう見られているか」という視点である。試しに、小学校低学年のA君を私の道場に通わせている若いお父さんに、こんな質問をしてみた。

「あなたはA君にとってどんな父親ですか？」

「ウーン」

ちょっと首をひねってから、

「厳しい父親だと思います。いつまでもゲームをしていると叱りつけますし、それで言うことをきかなければゲームを取り上げます」

自信をもって、そう答えた。

おわかりだろうか？

この若いお父さんは、自分が子どもにどう接しているか――つまり、「自分の目」で「父親としての自分」を評価してみせたのだ。「わが子の目」に、「父親としての自分」がどう映っているか、この視点が欠落している。会話の受け答えから、このお父さんが有能なビジネスマンであることはわかる。気配りもでき、職場の人間関係も良好だろう。そんな人でさえ、相手がわが子となると、一方的な視点しか持てないでいる。

ここに、お父さんの〝落とし穴〟がある。

問いかけを変えてみれば、このことがよくわかる。

「あなたは、得意先にとってどんな営業マンですか？」

そう問えば、たとえばこんな返答が返ってくるだろう。

「一定の評価をしていただいていると思います。先日も、労をねぎらっていただき、感謝の言葉をかけていただきました」

相手の視点から「自分」を語る。

ところが、わが子に接するときは、「自分の視点」から離れられないでいる。「自分の子ども」という〝私物化〟の意識があるからだろうが、これは親の驕りだ。**わが子が親の言動をどう感じているかを考えずして、しつけも子育てもできるわけがない**だろう。

ちなみにA君が自分のお父さんのことをどう思っているか、雑談で聞き出してみると、こんなことを言った。

「すぐ怒るんだよ。ゲームだって、もうやめようかなと思っているのに、〝いつまでやっているんだ！〟って。パパは〝怒《おこ》りんぼ〟なんだ」

お父さんは厳しくしつけているつもりでいても、「自分の視点」にとどまっているかぎり、ひとりよがりにすぎない。A君に通じないどころか、反感を買ってしまって逆効果になっていることに気がつかないでいるのだ。

大人社会の人間関係でそうしているように、相手の視点――すなわち「**わが子の視点」に立って自分を見れば、いまどんな親子関係にあるか実相が見えてくる**。難しいことではない。私たちが日常、対人関係で心がけていることの一つではないか。

試しにやってみていただきたい。わが子に対する接し方も、叱り方も変わってくるだけでなく、新鮮で、これまで気がつかなかった親子関係が見えてくるはずである。

五　「どう育つか」を考える

昭和天皇が留守中のことだ。

侍従の入江相政が、天皇のお住まいの草を刈らせたところ、

「どうして草を刈ったのかね？」

お戻りになった天皇が尋ねた。

入江は誉められるものと思って、こう答える。

「雑草が生い茂って参りましたので、一部お刈りしました」

すると天皇は言った。

「雑草という草はない。どんな植物でもみな名前があって、それぞれ自分の好きな場所で生を営んでいる。人間の一方的な考え方で、これを雑草として決めつけてしまうのはいけない。注意するように」

生物学者でもある天皇は、そう諭されたという。

「雑草という草はない」――昭和天皇の有名なこの一言《いちごん》に、「子育て」のすべてが凝

縮されているのではないか。空手道場で子どもたちを指導して二十一年、保護司として非行少年の更生に助力して十八年になる私の、これが結論である。

子どもたちは十人十色だ。「同じ人間」は誰一人としていない。

大輪の花をつけるヒマワリのような子もいれば、胡蝶蘭のような豪華で見栄えのする子もいる。あるいは鮮やかな紫色の可憐なスミレもいれば、路傍に朝露を宿して咲くツユクサもある。花の咲かない雑草といえども、植物としての名前を等しく持っている。慶事に高価な胡蝶蘭をプレゼントされるのはうれしいが、早朝、田んぼの畦道《あぜみち》を散歩していて、ふと目にしたツユクサに心を奪われ、足をとめることもある。それぞれが、それぞれの生命《いのち》を精一杯に生きている。生命に優劣をつけるのは、値段などで決めつける人間のエゴに過ぎない。

これを、子どもに置き換えたらどうか。お父さんとしては、わが子の進路に夢を描く。夢を描くまではいかなくても、「こうあってほしい」「こんな子どもに育ってほしい」という思いはある。スポーツ選手として世に出してやりたいと願うお父さんもいれば、勉強させて一流校へ入れたいと考えているお父さんもいる。そんなものより、手に職をつけてやったほうが一生、食いっぱぐれがなくていいとするお父さんもいるだろう。それぞれがわが子を思うゆえの愛情である。

だが、ツユクサに胡蝶蘭になれといっても、それは無理だ。その逆もあり得ない。ところが、これがわが子となれば、この当たり前のことがわからなくなってしまう。「わが子をどう育てるか」ということは熱心に考えても、「わが子はどう育つか」という視点がすっぽりと抜け落ちているのだ。

「人を見て法を説け」

とは、お釈迦さんの言葉で、相手に応じて仏法を説けということだが、ポイントは「相手に応じて」にある。相手の人格や能力、いま置かれている状況を知らなければ、それに応じて説くことはできず、したがって仏法は心に届かない。空手でも、その子の性格、体格、技量に応じて、試合でどう戦わせるかを考える。相手を知る――すなわち、わが子がどんな人間であるかを見極め、「どう育つか」「どう育ててやるのが幸せか」ということを、お父さんは考える必要があると思う。

もちろん、幼子の特質を見抜くのは難しい。

だが、**「わが子はどんな子なのか」という視点を持って子育てすれば、おのずと特質は見えてくる**。それが見えないお父さんは、自身の価値観に縛られ、「どう育てるか」という視点しか持てないでいるからだ。

元聖路加国際病院名誉院長の故日野原重明氏は、「生き方」に通暁《つうぎょう》していることから「人生の生き字引」と呼ばれるが、その日野原氏が週刊誌でこんなことを語っている。

《いまの教育は「平均点が高い」のをよしとする「平均点主義」教育です。たとえば、数学系はからきしダメだが、絵はうまいという生徒がいたとすると、教師は「お前はもっと絵の才能を伸ばしたほうがいい」とは言いません、「絵はもういいから、絵を描く時間を数学の勉強にあてろ」と指導するのです。これではせっかくの才能の芽がつみ取られてしまいます。「平均点主義」は本人の持つ長所を殺してしまう恐れがあるのです。》

（「週刊現代」2008年9月6日号）

ツユクサも、スミレも、すべての草花を「同じ花」にしようとする愚のことをおっしゃっているものと、私は読み解く。「育てる」も大切だ。だが、その前に、**「育つ」という目でわが子を見ることは**、**もっと大切なこと**だと、私は思うのだ。

六　片親としての覚悟をもつ

片親は珍しくない。

私の道場もそうだ。時代ということなのだろう。離婚は個人の問題なので私は立ち入らないし、是非を論じるつもりもない。

「子どもの立場からすれば、両親がそろっているほうがいい」とよく言われるが、一概にそうとは言えない。両親がいがみ合う家庭環境と、離婚して片親で育つのと、子どもにとってどっちが幸せなのか私にはわからない。きっと正解はないのだろう。親の身勝手と批難されようとも、子どもを不幸にしようと思って離婚する夫婦はいないと私は信じたい。

個人の問題に立ち入らないとしても、道場では片親の子どもに神経を使う。「両親」「お父さん」「お母さん」という言葉はできるだけ口にしないし、配布文書にも記さない。

たとえば、試合とは別に年に一度、小学校の体育館を借りて当道場の演武会を行う。

朝九時から三時まで、子どもたちを中心にした稽古発表会だ。家族に見てもらい、昼は家族で持参した弁当を楽しむ。運動会を想像すればいいだろう。年に一度の公式行事なので全員参加としており、文書を配布し、口頭でも説明するのだが、かつて——かれこれ二十年近く前、こんなことがあった。

低学年の子どもたちを前に、私は演武会に向けてハッパをかけた。

「いいかい、演武会はね、お父さんとお母さんに、キミたちがどんな稽古をしているか見てもらう日だ。ヘタッピーだと、お父さんもお母さんもガッカリするよ。だから頑張って稽古してください」

そう言うと、

「館長」

一人の男児が言った。

「A君は、お父さんがいないんだよ」

座が一瞬、静まる。

「そうだよね、A君」

相槌を求めている。男児に悪気はない。二人は仲のいい友達なのだ。私が「お父さんとお母さん」と言ったので、小二のその子は純粋な気持ちで訂正を口にしたのだ。

Ａ君は黙ったまま、当惑したように曖昧な笑みを浮かべて私を見た。

「そうか、わかった！」

私はすぐさま引き取って、

「とにかく演武会まで頑張って稽古するんだぞ。わかったか！」

「ハーイ！」

元気のよい返事が返ってきて、何事もなかったように稽古が始まった。私が「両親」「お父さん」「お母さん」という言葉を慎むようになるのは、これがキッカケだった。

それぞれが、それぞれの事情をかかえて離婚する。それはいい。順風満帆の人生などありはしない。だが、現実問題として、子どもをもつお父さんは、わが子の日常生活にどう対処するのだろうか。仕事と家事の両方をかかえるということにおいて、片親の苦労は男も女もない。だが、家事にうといお父さんの苦労は、並大抵のことではあるまい。お父さんは、どう処するのか。

これもずいぶん前のことだが、小学校六年生のＮ子ちゃんの両親が離婚した。幼稚園のころから道場に通っていて、私は両親とも知っている。夫婦で娘の試合を観戦しに来ていたので、離婚したことを人伝に聞いたときは驚いたが、私が立ち入ることではない。クルマで道場に送迎するお父さんは離婚のことについて触れないし、私も訊かない。N子ちゃんも口にしない。私はこれまでどおり接し、指導していた。

そして、まもなく、ある試合でのことだった。N子ちゃんも出場するのだが、私が気になったのは弁当のことだ。昼休み、観客席になった二階に行ってみると、N子ちゃんはおにぎりを一人で食べていた。ほかの子どもたちは家族でにぎやかに弁当を広げている。道場の女友達が一緒に食べようと声をかけたが、N子ちゃんは笑顔で手を振って断った。

「どうした、お父さんは?」

私が声をかけると、

「仕事」

と短く答えた。

「おっ、にぎりめしだな」

私が笑いかけると、

「形がヘンでしょう? お父さんが朝早く起きてつくってくれたの。私、お母さんがいないから」

挑むように私を見た。お母さんがいないという言葉を、N子ちゃんの口から聞くのは、このときが初めてだった。

「上手だよ、お父さん。館長なんか、おにぎりは握れないもの」

「お父さんも初めてだって言ってた」

「じゃ、才能があるんだ」

N子ちゃんが笑った。本当に可笑しいと思ったのか、私に対する気づかいかはわからなかった。これからこの子は多感な年ごろを迎える。いびつなおにぎりに、お父さんの戸惑いと不安と、わが子に対する不憫さを見て取ったのは、私の感傷的な勝手な思いだったのだろうか。

子どもながら気丈夫に振る舞っているが、N子ちゃんはこれからいくつもの悲哀の谷を渡っていくことだろう。三十代半ばと若いお父さんは、これから先、自分と娘の二つの人生をかかえて生き抜いていかなければならない。お父さんはこれからも精一杯、おにぎりを握り続けてくれるだろうか。

離婚に是非はない。問われるのは子をもつお父さんの覚悟だと、このとき私は思った。

七　父子は「一期一会」と考える

指導者として愕然とするのは、子どもが道場をやめていくときだ。引っ越しであったり、母親が働き始めて送迎が困難になったなど、家庭の事情であるならやむを得ない。残念だが、私も気持ちに折り合いをつける。

「塾に通わせることになりましたので」

というケースも同様で、塾と道場の時間がぶつかれば、勉強を優先させるのは親心というものだろう。これも、気持ちに折り合いをつけるしかない。

だが、「サッカーをやるのでやめる」「空手に興味がなくなったからやめる」――といった理由であれば、私は愕然とする。情熱を傾けて指導し、子どもとうまくコミュニケーションがとれていたつもりでいるだけに、

（いったい自分は、この子にとって何だったのか）

と我が身を振り返る。

（所詮、空手は気まぐれの遊びの一つでしかなかったということか）

と、落ち込みもするのだ。

手塩にかけた子どもが中学進学を機に、「部活をやるので」という理由で道場をやめていかれるときは、心にポッカリと穴が空いたような気持ちになる。

ある女子児童が中学校入学式の翌日、稽古にやってきて、こう言ったことがある。

「館長」

「なんだ？」

「バスケットをやっちゃだめ？」

「部活か？」

「うん」

申し訳なさそうに返事する。幼稚園のころから道場に来ているので、お互い気心が知れている。素直で、性格も明るい。稽古熱心な子なので、中学生になっても空手を続けてくれるものと思い込んでいただけに、少なからぬショックを受けたが、

「そうか、わかった。頑張れよ」

と笑顔で送り出した。

道場を構えて二十一年、こうして落ち込んだことは何度もある。落ち込むたびに、

（そこまで子どもに思い入れをする自分が悪い）

と、わが身に言い聞かせたりもする。子どもの指導は〝賽《さい》の河原〟で小石を積むがごとく、積み上げては崩れ、崩れては積み上げの繰り返しで、喜びも多いが、虚しさもそれに比例して少なくない。正直、気持ちが落ち込めば、道場を畳もうかと思うこともあった。

だが仏教を学び、得度《とくど》してから物事のとらえ方が変わった。「諸行無常」とは仏教教義の根幹の一つで、字のごとく「あらゆる物事は常《つね》ではない」という意味だが、ひらたく言えば、「すべてのものは変わっていく」ということだ。人間の身体が一瞬として止《とど》まることなく変化し続けているように、森羅万象すべてが刹那において変わりつつあると、お釈迦さんは説く。

ところが私たちは、そのことを受け入れられないでいる。いつまでも若くありたいとか、死を厭《いと》い、いつまでも生き続けていたいといったように、自分にとって都合がいいと思うことは変わってほしくないと願う。これが煩悩で、「諸行無常」と「変わってほしくない」がぶつかり、葛藤し、ここに苦が生じると仏教は教える。

このことを理解し、道場の子どもたちをわが身に引き寄せて考えれば、道場をやめていく子がいるのは諸行無常の必然であり、それに対して愕然としたり、空虚な思いにとらわれるのは、私の身勝手な思い――すなわち、煩悩であることがわかってくる。

そう考えるようになってから、子どもたちに接する心構えが変わってきた。子どもたちとは諸行無常の関係にある以上、いずれはやめていくのだから指導にのめりこまないようにしようというのではない。逆なのだ。いずれ別れるのだからこそ、全身全霊をかけて指導し、接しようと思ったのである。

茶道に言う「一期一会」の精神で、**「この子たちとは一生に一度の出会いである」と心に刻んで相対する**。とは言え、思うように稽古してくれないときは腹が立つし、道場をやめていけば、やはりがっかりもするが、それは私の煩悩によるものだと言い聞かせ、気持ちを新たにして子どもたちに接する。

お父さんと、わが子の関係も同じだと思う。掌中《しょうちゅう》の球のようにして可愛がり、将来に期待もし、子ども中心に家庭を営む。だが、子どもはいずれ父親のもとを去って行く。別世帯を構えるという意味ではなく、お父さんの手のひらを出て、一人の人間として独り立ちするということだ。当然、価値観も人生観も違ってくる。

ところが、お父さんの多くはこのことがすんなりとは受け入れられないでいる。子どもが何歳になろうとも、これまで同様の父子関係でいたいと思う。いや、同様の親子関係にあるものと思い込んでいる。

だから、自分の意に反した選択や言動をすれば、

「あれほど可愛がったのに」

と嘆き、腹立たしくもなってくる。

諸行無常の理《ことわり》を持ち出すまでもなく、子どもはお父さんの手のひらから飛び立ってこそ一人前なのだ。「巣立ち」とは、なんと素晴らしい言葉ではないか。**いずれ自分のもとを去って行く**。**だからこそ、渾身の愛情を注ぎ、ときに厳しく接し、子どもを一人前にする**。

お父さんに求められるのは、「一期一会」の精神ではないだろうか。手塩にかけた子どもが道場を去って行くとき、さみしさの一方で、私は諸行無常という厳しい現実を敢然と受けとめる人間でありたいと願うのだ。

第二章

父子の絆を深める

八　愛用しているモノを与える

結婚披露宴に招待されたときのことだった。一人娘を嫁がせた知人夫婦は、会場の入口に新郎のご両親と並んで立ち、招待客を迎えていた。

私はお祝いを短く口にして、

（おや？）

と思った。

知人のネクタイが気になったのだ。モーニングは白と黒が斜線になったネクタイを締めるが、知人のそれは来客と同じく白一色だった。しかも結び目が手垢で汚れて見える。ダンディーで名を馳せる知人が、娘の晴れの日に古びたネクタイを締めるのが意外で、私が怪訝な顔でもしたのだろう。

「このネクタイはね？」

知人が指先でつまむようにして、

「親父の形見なんだ。孫娘が嫁ぐのを楽しみにしていたんで」

と言った。

半年ほど前、ご尊父はお亡くなりになっている。私は小さくうなずいて会場に入った。知人は父親と同居していたので、何度かお目に掛かったことがある。結婚の日取りが決まってから、孫娘の結婚を心待ちにしてらした。

手垢で汚れた彼のネクタイは「父の形見」というひと言によって、どんなネクタイよりも素晴らしく見えた。

モノは意味を持たせることによって、その価値をかけがえのないレベルにまで増す。

私の道場で、小学三年生の男子が、エンジ系の大きなスポーツタオルを首から掛けて稽古にやって来たことがある。小柄な彼の膝まで垂れ下がっていて不格好だったが、本人は得意顔なので、

「おっ、カッコいいな」

声をかけてやると、

「パパにもらったんだ。パパ、大学でバスケットをやっていたんだ」

鼻息荒く言って、首から外してスポーツタオルを見せたくれた。有名な私立大学の校名が英語で染め抜いてあった。

お父さんが学生時代に使用していたということは、二十年ほど前のものということ

になる。色も褪せているし、アニメのキャラクターが描かれているわけではもちろんない。小三男子が好むものとはとても思えないが、この子にとっては自慢のスポーツタオルなのである。

「へぇ、パパはバスケットをやっていたんだ」

「選手だったんだよ。毎日、練習が大変だったって」

そして、なんと校歌の一節を、幼い口で歌ってみせたのである。

家庭での父子の関係が目に浮かぶ。お父さんが学生時代のことを話して聞かせ、空手の稽古にハッパをかけているのだろう。学生時代、お父さんがどんな活躍をしたのか知らないが、子どもにとっては「英雄」なのだ。

そのお父さんが、自分が愛用してきたスポーツタオルをくれた。この子にとっては、どんな人気のキャラがプリントされたものより嬉しかったのだろう。これが付加価値の力であり、この心理を知ってわが子を励ますお父さんの賢さだと、私は思ったものだった。

「勉強しなさい！」

と言って尻を叩くよりも、

「このシャーペンはね、パパがじいじから初めて買ってもらったやつなんだ。ずっと大事にしてきたんだけど、おまえが勉強頑張ってるからプレゼントするよ。これで書くと、漢字なんかすぐ覚えちゃうし、算数なんかスラスラだぞ」

お父さんからもらったこのシャープペンシルは、子どもの宝物になるだろう。子どもは飽きっぽいから、いつまでも宝物ではいられないが、それでいいと思う。発奮させる手段であることもさることながら、**「パパが大切にしている思い出の品をくれた」ということが、子どもは何より嬉しい**のだ。

お父さんが大切にしていた品がなければ、お父さん自身の〝物語〟を話してあげるといいだろう。

九　父子の共通の体験をする

親子で空手を習いに来ている家族がいる。子どもの進学やお父さんの転勤など、そのときどきの事情で増えたり減ったりはするが、これまで多くの家族が私の道場で汗を流してくれた。

父子が一緒に入会してくることもあれば、先に子どもが習っていて、送迎したり試合を観戦するうちに興味をもち、お父さんが始めたというケースもある。親子四人で通っていた家族もいる。私の道場に限らず、〝親子一緒〟というケースは年を追って増えている。空手は男女も年齢も問わず、幼児も熟年も一緒になって稽古できることが一因になっているのだろう。

「わが子と一緒に楽しめるから」

と、入会の動機を、お父さん方は異口同音に語る。

楽しむだけでなく、

「一緒に汗を流すことで、親子が本気になって会話ができたこと。これが一番の財産だったと思います」

　と言ってくれたお父さんもいる。

　他のスポーツの多くは、お父さんが子どもに交じってプレーすることはできない。スポーツを接点とすることで共通の話題は持てても、父と子の関係は「観戦者」と「プレイヤー」である。「観戦者」と「当事者」と言い換えてもよい。そして、傍観者は〝評論家〟になり、家庭で食事のときなど、こんなことを言う。

「もっとランニングしたほうがいいんじゃないか。すぐに息が切れるだろう？　スポーツの基本は走り込むことだ」

　お父さんのアドバイスは、〝机上の知識〟であることを子どもは知っている。だから説得力がない。自分の意見を持ち始める高学年にもなると、「やったことがない人は黙っていてよ」と、口に出すかどうかはともかく、そんな思いを抱くことだろう。

　道場で一緒に稽古する父子は違う。

「四股《しこ》立ちで突くのは足が痛くて、お父さんはつらいよ」

　これはお父さんの実体験である。「やったことない人は黙っていてよ」とは子どもは言えないし、思いもしない。素直に耳を傾け、

「ボクだって最初は痛かったけど、いまは大丈夫だよ」

と〝体験の共有〟ができる。こうした**共有の意識が、父子のコミュニケーションをより濃厚にする**ものと私は思っている。

共有の対象は何でもよい。釣りでも、キャンプでも、ジョギングでも、家庭菜園でも、それこそキャッチボールだっていい。メジャーリーグで活躍し、古巣の巨人で活躍する上原浩治投手は、幼稚園のころから、お父さんとキャッチボールを実体験として共有した。

上原投手の母親が語っている。

《お父さんが浩治に野球を教え始めたのは、あの子が幼稚園にはいるすこしまえのことやったと思います。私らが住む寝屋川団地の近くに淀川が流れているんですが、日曜日になると、家族四人がおにぎりやお弁当持って、ここの河川敷でキャッチボールをするんです。朝から日暮れまでたっぷり遊んで費用はゼロですから、これほど安上がりで楽しい遊びは他になかったでしょうね。

お父さんはもちろんですが、私も子どものころからソフトボールやってましたから、キャッチボールはお手のものです。「ほら、いくよ」「おっ、上手だねぇ」「あっ、惜しい！　もうちょっとで捕れたのに」などと子どもたちに声をかけながら、ボールで親子のコミュニケーションです。河川敷でキャッチボールをするようになったのは一番手軽だったし、なにより狭い部屋にいるより解放感があって気持ちよかったのが理由でしたが、これがやってみると楽しくて、子どもはもちろん、私らも夢中になったものです。》

（『雑草魂の育て方』上原隆二・上原僚子著／ゴマブックス）

父子、あるいは家族の共有とは、こういう関係を言うのではないか。

とりとめのない会話を雑談という。脈絡なく話題が転じても、雑談はにぎやかに続く。実体験にもとづく共有テーマがないことから、お互いが会話を通して触発されることも、議論が深まることもない。父子の会話は大事だが、**単なるおしゃべりを、父子のコミュニケーションと考えるは錯覚**であり、自己満足に過ぎないのだ。

十　身をもって教える

父親の態度に衝撃を受け、六十年が過ぎたいまも、その記憶が鮮明に残っている。

私が小学二年生のときだ。

同級生で農家だったY君宅の庭先で、近所の上級生たちにまじって相撲を取って遊んでいた。娯楽が乏しかった時代、地べたに丸い線を描くだけで遊べる相撲は、子どもたちにとってメンコと並ぶ遊びの定番だった。上級生には到底かなわず、私たち二年生は投げ飛ばされたが、それでも楽しくて一緒に遊んでいたのだから、たぶん上級生は手加減してくれていたのだろう。

ところが、Y君が投げられて地面に転がるや、

「痛い、痛い、痛いよ！」

腕に手を当て、泣き叫び始めたのだ。

その声を聞いて、Y君のお爺さんが母屋から飛び出して来た。

「腕が折れたかもしれん」

そうつぶやいた声が、いまも耳朶《じだ》に残っている。お爺さんはすぐさまY君を背におぶって医者につれて行った。あとで知るのだが、Y君は骨折していて、その日の夕刻、Y君を投げた上級生は両親に伴われてY君宅を訪れ、謝罪する。

そして、その夜のことだった。

「おい、Y君の腕が折れたんだってな」

どこで耳にしたのか、私の父親が帰宅するなり恐い顔で言った。

「うん。N君が投げたんだ」

「N君は謝りに行ったそうだが、おまはどうした？　一緒に行ったのか？」

思いもよらないことを問われ、キョトンとしたことを憶えている。

確かに、みんなと一緒に相撲を取って遊んだが、私がY君を投げたわけではない。〝相撲遊び〟を仕切っていたわけでもない。自分は一介の下級生に過ぎず、非はまったくないと思っている。まだ小学二年生だ。そこまで明確な思考をしたわけではないが、「自分も謝らなければならない」という思いはまったくなかった。

だから「一緒に謝りに行ったのか？」と、父親に強い口調で問われたとき、キョトンとし、にわかに、

（自分は何かとんでもない間違いをしでかしたのではないか）

と不安が込み上げてきたのだった。

「僕が投げたわけじゃない。それに……」

しどろもどろで言い訳をするのを遮って、

「誰が投げようと、おまえも一緒に遊んでいたんだろう。おまえにも責任がある。これからY君の家に謝りに行くぞ」

そう言うと、父親はいま脱いだ靴を履いた。Y君の家まで——記憶は薄れてしまっているが——歩いて十五分くらいだったのではないだろうか。父の背を追いかけるようにして、外灯のない田舎道を歩いて行った。

父親は土間に立って、Y君とご両親に頭を下げ、私もそれに倣った。Y君が吊った腕の包帯が真っ白だった。それを見ているうちに、私はワンワン泣き出してしまい、Y君のご両親が笑顔で慰めてくれた。

帰途、父親は歩みをゆるめて私と並びながら、

「えらいぞ、よく謝った」

と誉めてくれ、またしてもワンワン泣き出した。

なぜ泣き出したのかはわからない。おそらく——いま振り返れば——父親に頭を下げて謝らせてしまったことに対する申し訳なさであったように思うのだ。父親は、私

の頭を撫でてくれた。その撫で方は、風呂で私の頭を洗ってくれるときと同じで、力強くて乱暴だったことをいまも忘れない。

それから二年後、小学四年生になった私は、警察官だった父親の転勤でこの地を引っ越す。以後、Y君にも、Y君を投げて腕を骨折させた上級生のN君にも二度と会うことはなかったが、六十年近くが経っても、二人の名前はおぼえている。それほどに、私にとっては強烈な思い出として残っている。

「責任感」は「信用」と同義語であり、社会生活を送るうえでもっとも大切なものだ。だが、不注意であれ不可抗力であれ、私たちはミスを犯す。逃げ出したくなる。頬っかむりしたくなる。どんな理由があるにせよ、「責任」を回避する人間は、その時点で信用を失ってしまうことになる。

このときの体験は、「責任感」とは何かということを私に教えてくれた。子どもの頭ではそこまで理解できてはいないが、**父親は身をもって示すことで意識への刷り込みをしてくれた**のだと、長じて思うことだった。

十一　自分の「昔話」を語る

歳を拾うにつれて、これまで気づかなかったことが見えてくる。

人の一生は登山に似て、人生という山を一歩ずつ登っているときは目前の道に目を奪われているが、一定の高みに到達して来し方を振り返ると、眼下にいろんな景色を望み、嘆息したり、思い出をしみじみと嚙みしめたりする。

そして、子どものころの記憶に焦点を合わせると、当時は聞き流していた父親の話に、深い意味を見いだす。

いや、父親にその自覚があったのかどうかはわからない。大人になったそれぞれが人生の荒波をくぐるなかで、父親の言葉に意味を持たせているのかもしれないが、いずれにせよ、父親がわが子に語って聞かせる話は、子どもの人格形成に大きく影響するということを私は実感する。

私の父は晩酌すると、よく「月給袋」の話をした。昭和二十年の終戦で復員すると、近所にあった小さな造船所で数年働いたのち、一念発起して勉強し、二十八歳で警察

官になるのだが、

「わしが造船所で月給をもろたらのう」

と、酒をキュッとやって、郷里である広島県の呉弁で語る。

「封を切らんこうに家に持って帰って、おふくろにそのまま渡したんじゃ。おふくろは喜んでのう。それを仏壇に供えて、手を合わせちょった。会社で毎月、給料袋をもらうとき、金額が合《お》うちょるかどうか確かめてくれゆうて上司が言うんじゃが、わしは封を切りとうないもんじゃけん、切るふりだけして、〝合うちょります〟言うて返事した」

そして、いま思えば、私の母親も〝しつけ〟ということでは賢かったのだろう。

「お父ちゃんは親思いの人なんじゃねぇ」

と、小学生だった私に相づちを求めることで、「親思い」ということを刷り込み、「人を喜ばせる＝善」という価値観が私に形成されたような気がする。

むろん〝しつけ〟というのは私の後になっての勝手な思いで、母親にその意識はなかったのかもしれない。

だが、この父親の〝一つ話〟に際して、

「あんたは、人がええけんねぇ」

と揶揄するようなことを口にしていたら、私の人間観も、いささか変わっていたかもしれないと、来し方を振り返って思うのだ。

お父さんにその意識はなくても、折りに触れて口にした一言半句は子どもの心にしみこんでいるものだ。まして、**経験談にもとづく人生観や人間観、さらにそれぞれの局面に臨んでどう行動したかということは、子どもの心を大きく揺さぶる。**

いまも忘れられない苦い思い出がある。

あるとき——引っ越し前後だから小学生の四年のころだったと思うが、父親が私にこう言って了解を求めてきたことがある。

「孤児院の子どもたちを何人か家に呼んで、ご飯でも食べてもらおうか思うちょるんじゃが、ええかのう？」

私は返事をしなかった。

できなかった。

孤児は可哀相という思いがある一方、彼らに父親を取られてしまうのではないかという思いをいだいた記憶がある。父親は私の気持ちを察したのかどうか、それはわからない。孤児たちは結局、招かなかった。

私は幼いながら、

（どうして〝呼んであげたら〟と言えなかったのか）

と自分を責め、身勝手であることのつらさが長く尾を引いた。

お父さんにどこまで確固とした自覚があるのかわからないが、お父さんは子どもにとって最初に出会う「人生の師」であり、お父さんの言動は子どもの価値観と人生観の核となる。

先天的に受け継がれるのがＤＮＡであるなら、お父さんの一言半句は〝後天的遺伝子〟と言っていいだろう。**話してやりたいこと、話しておきたいことは、わが子の理解が及ぶかどうかは考えず、機会をとらえては言葉にして聞かせるのがいい**と思う。

〝後天的遺伝子〟がどう作用するかはわからない。プラスに働こうが、マイナスに働こうがいいではないか。それが「わが子」であり、自分は「わが子のお父さん」なのだから。

十二　真の愛情をもって接する

日本で、もっとも多忙な人間は総理大臣である。小泉純一郎元総理の秘書官であった飯島勲氏が、総理の多忙ぶりについて、こんなことを語っている。

《一般の議員が眠れないほど忙しいのは予算の採決の日くらいだが、総理大臣は満足な睡眠を取れる日などない。歴代総理はたいてい朝が早かった。早起きの人が総理になれるというよりも、総理大臣というその職責の大きさによるプレッシャーで、深い眠りに入ることができず、早く目が覚めてしまうのだろう。

就任以前はどちらかと言えば朝が苦手だった小泉元総理も、五年五カ月の在任中は、二時間おきに目が覚めてしまっていたそうだ。常に世界中に注意を向けなければいけない仕事だから、時差を無視して一日二四時間入ってくる新しい情報に対応していかなくてはならない。こんな状態では落ち着いて眠ることはできない。》

（「プレジデント」２０１１年４月４日号）

世間のお父さんたちがいくら忙しいと言っても、総理の比ではあるまい。子どもと一緒に遊んだり、団欒のときを過ごすことを「よきお父さん」とするなら、総理は「最悪のお父さん」ということになる。

多忙を極める小泉は、東京高輪の議員宿舎から横須賀の自宅に帰って来れるのは月に数回しかない。しかも小泉は息子たちが幼いときに離婚している。次男の進次郎は周知のとおり国民的人気で、将来の総理を待望されるが、父・純一郎が離婚したとき、進次郎はまだ一歳だった。母の面影を探してか、夕方になるとハンカチをくわえて離さない子どもだったともいわれる。純一郎はわが子が不憫で、父親として忸怩《じくじ》たる思いがあったのだろう。こんな短歌を詠んでいる。

《あどけなき　子らの寝顔　見守りて　心やすらぐ　夜のひととき》

二時間おきに目が醒めるほどの重責を担いながら、たまに帰宅してわが子の寝顔を見下ろすときが、父親として純一郎の束の間の安息だったのだろう。

当時の進次郎少年について、取材記者がこんなことを語っている。

「小泉さん（純一郎）の自宅で取材していてカメラを構えると、必ず進次郎君もカメラの中に入ってくるんです。ああ、父親に甘えたいんだな、と思いました。私が帰るときに、進次郎君に『今日は写真を撮らせてくれてありがとう』と言ったんです。すると進次郎君は『今日はお父さんと久しぶりに野球ができて嬉しかった！　おじちゃんありがとう！』と逆にお礼を言われたのを覚えています」

それほど共有する時間が希薄な父子だが、息子の父親に対する信頼は揺るぎない。

進次郎自身が父親について、こう語っている。

《中学生のとき、3者面談で、僕の父（小泉純一郎元総理）が来てくれた。担任の先生が「お父さん、進次郎君にもっとリーダーシップを発揮してもらいたいんです。そうすれば、クラスはもっとまとまるんですが、そういうところが進次郎君にはないんですよ」と言われました。

そのとき、父がこう言ってくれたのを覚えています。「いや先生、私も父親が政治家だったから進次郎の気持ちはよくわかります。何をやっても目立つ。だから、できる限り目立たないように、たぶん進次郎はそう思うんでしょう。進次郎はそれでいいと思います」と。父は普段、忙しくてなかなか家にいないけれども、「あ〜よく見てくれているんだな」と胸が熱くなりました。》

（機関紙「自由民主」二〇一〇年十月五日号「田﨑史郎の政治家の将来性診断」）

父子の絆は共有する時間の長さではなく、どこまで愛情をもってわが子を注視できるかという一点にかかっているのだ。

子どもは多忙だ。私の空手道場に通ってくる子どもたちの多くが習いごとを掛け持ちし、塾に通っている。小学生が何の衒《てら》いもなく、大人と同じように「忙しい」を口にする。習いごとや塾に行く前に夕食をすませるため、お父さんはまだ帰っていない。お母さんも、お父さんに合わせるため、子どもは一人でご飯をかっこむ。そして帰宅すれば宿題が待っている。多忙なお父さんと、ゆっくり会話する時間はない。

「できるだけ一緒に過ごす時間をつくるようにしているんですが子どもも忙しくて」と、土曜の休み、道場にわが子を迎えに来て、私にこぼすお父さんがいる。気持ちはよくわかる。子育て本の多くは、わが子と一緒に過ごす時間が親子のコミュニケーションにとって大事だと書いてある。だが、本質は「一緒に過ごす時間が長い」にあるのではない。小泉親子のように、**お父さんが真の愛情をもって接すれば、その思いは必ず子どもに通じる**。そのことに気づかず、子どもとだらだら遊ぶのは、単に溺愛と言うのだ。

十三　子どもに胸を張れるものをもつ

子どもの自慢は「お父さん」である。

お父さん方は自分がどれだけ自慢されているか、ご存じないだろうが、道場を開設して二十一年間、時代は変われども、その時々の子どもたちのほとんどが「うちのパパはすごいんだよ」と自慢する。

「うちのママはすごいんだ」

という〝ママ自慢〟はほとんど耳にすることがないから、子どもにとってお父さんは仰ぎ見る存在であることがわかる。

幼児や低学年は無邪気で、

「ボクのパパは釣りが上手なんだ」

「ボクのパパは足が速いんだよ」

「ボクのパパなんか、料理がすっげぇ得意なんだ」

と〝自慢競争〟もたわいないものだ。

高学年になると、さすがにそんな言い方はしない。

「先週、パパの知っているレストランに連れて行ってもらったんだ」

さりげなく、パパは顔が広い、活躍している——といったことを言外に自慢する。

私の娘が小学六年生のとき、父親の職業がわからず、何度も家内に尋ねたそうだ。当時、私はフリーライターをやっていて、朝帰りは毎度のことで、用がなければ昼まで寝ている。午後は机に向かってペンを走らせている。かと思えば、出張で家を何日も空けたりもする。

家内はお父さんの職業をどう説明すれば娘に理解できるか、頭を悩ましたと、のちになって私に語ったものだ。いま思えば、娘は、自慢することのない父親の自慢ネタを探していたのだろう。

こうした子どもの心理がわかってくると、お父さんは「自慢の父親」でなければならないと思う。自慢ネタは何だっていい。私の父は若いころ卓球が得意だった。実際に見たわけでもないし、大会で実績があるわけでもない。父親が私にそう言ったのだ。

「お父ちゃんは、卓球がうまいんじゃ」

このひと言で、当時、小学校の一、二年生だった私は、

「うちのお父ちゃんは卓球がうまいんじゃ」

と、友達に自慢した記憶がある。

パパ自慢ができない子は、道場で見ていてかわいそうだ。自慢できるものがあればよし。もし、なければ、ウソでいいとは言わないが、**友達に胸を張れる〝パパ自慢〟を子どもに与えてやるのは、お父さんの義務**だと思う。

その場合、子ども時代の自慢話とか、私の父の卓球自慢のように、実証不可能なものがいいだろう。パパの学歴自慢や役職自慢をする子がたまにいるが、比較の上に成り立つ自慢は教育上よろしくないと思っている。

ずいぶん以前のことだが、

「ボクのパパは子どものころ野球をやっていて、プロを目指していたんだよ」

と私に自慢した子どもがいた。「目指していた」というお父さんの言い方に感心した。子どもはこのひと言に、お父さんの努力と夢を感じ取って胸を躍らせたことだろう。

どうぞ、わが子に自慢ネタを話していただきたい。**自慢ネタを語りつつ、「自分は子どもが誇れる父親だろうか」と自問する**。**そこに父親としての自分の生き方が見えてくるはず**である。

第三章

人生の師として接する

十四　子どもの「人生の師」であれ

子どもは、育てるのではなく、自分で育つものだ。

動物を見ればわかる。狩り一つとっても、親が手取り足取りで教えるということはない。親が実際にやって見せ、子はそれを見よう見まねで試行錯誤を繰り返すなかでおぼえていく。口やかましく、しつけと称して箸の上げ下ろしまで注意するのは人間だけだ。

だが、口で注意するだけで子どもが立派に育つとしたら、こんな簡単なことはなく、高潔な人間だらけということとなる。口を酸っぱくして注意し、教え込むのは所詮、親の自己満足に過ぎないのだ。

人間が言葉の生き物である以上、口で注意することはもちろん大切なことだが、それだけでは子どもは立派には育たない。留意すべきは、動物と同じく親の処し方——すなわち、日常生活で口にする親の言葉を聞き、親の処し方を見て、無意識にそれが子どもの深層心理に刷り込まれ、人格を形成していくということなのだ。

連合艦隊司令長官・山本五十六元帥のよく知られた言葉に、

『やってみせ、言って聞かせて、させてみせ、ほめてやらねば、人は動かじ』

というのがある。

人を動かす要諦としていまも語り継がれるが、ポイントは冒頭の「やってみせ」にある。やって見せるは、相手にとっては「見る」であり、動物の親がエサの捕獲を実際にやって見せ、子どもが見よう見まねでそれをおぼえていくということに通じる。

都心に出る電車の中で、こんな光景を目にしたことがある。途中駅で、小学校低学年とおぼしき男子児童を連れた若いお父さんが乗ってきた。児童はお父さんの手をふりほどくと、空いた席に走り、

「パパ、こっちだよ！」

と叫んだ。

自分の席だけでなく、父親の席まで確保する。仲のいい父子の様子は微笑ましくもあったが、お父さんは座らないでドアのところの手すりを持って立ち、わが子を手招きした。児童は、他の乗客に席を取られてしまうのではないかと躊躇していたが、お父さんの険しい顔に引き寄せられるように立っていった。

私はちょうど入口のそばの席に座っていたので、お父さんが声を落としてわが子に

諭す言葉が耳に届く。

「おまえは元気な子だろう？　強い子だろう？　席の数は限られているから、みんなが座れるわけじゃない。強いおまえは立って、ほかの人に譲りなさい。それがカッコいいことなんだ。おまえ、カッコいいぞ」

　お父さんだって座りたかっただろうに、自分は立つ――つまり実際にやってみせ、なぜそうするかを言って聞かせ、子どもを自分と同じように立たせ、そして最後に「カッコいいぞ」と誉めてやる。

　若いお父さんの低い声を聞きながら、山本五十六の言葉を思い浮かべた私は、

（このパパであれば、子どもは毅然として人生を生きていく人間に育つだろう）

と思ったものだ。

　親は、子どもが初めて出会う「人生の師」であると、先に記した。無垢でこの世に生を受け、親の言動に接することで価値観や人間としての処し方は学んでいく。男女は平等の存在であることは言うまでもないが、子育ての役割として、社会との関わりや処し方を説くのは、まだまだお父さんの役目と言ってよい。

　これは声を大にして言っておきたいが、「しつけ」という何かがあるわけではない。

しつけとは、お父さんが自分の価値観や人生観といったものを具体例としてわが子に

見せ、語り、教えることだ。言い換えれば、わが子を写し鏡として、お父さんの生き方そのものが問われることでもある。

休日に、パジャマのまま家でゴロゴロして見せることで、

「自然体でいこうぜ」

ということを教えるのもいいだろう。すぐに着替え、休日だからといってパジャマでゴロゴロはみっともないことだということを教えるのもいい。人生観に是非はなく、わが子に何を伝えていくか、この信念こそが大事なのである。

「父の背中」とは、父親の無言の教えの意味に用いられるが、私はこう解釈する。わが子と向かい会っているときは、父親は父親としての言動をする。だが背を向け、わが子が視界の外に出てしまえば、肩の力が抜けて、ふとしたときに素《す》の自分が出る。父親の視界にわが子が入っていないだけで、背後にいるわが子はそれをじっと見ている……。**「背中で教える」というのは、実は父親の生き方・処し方が問われること**なのである。

十五　「お父さん、すごい」を意識する

お父さんに対する尊敬の念があるかどうか、しつけも子育てもこれが大前提になる。尊敬という言葉の意味は子どもには明確にはわからないだろうが、「ボクのパパはすごい！」という思いがなければ、お父さんの言うことに素直に耳を貸さない。これは年齢や性別、世代を問わず、普遍の人間関係術であることは、お父さん方は百も承知だろう。

「うちの子は言うことをきかない」

と嘆いたり怒ったりする前に、「自分は子どもに尊敬されているだろうか」ということをまず、我が身に問うべきである。極論すれば、お父さんに対する尊敬を抜きにして、しつけも子育ても成立しないのだ。

では、どうすればわが子の尊敬を得られるか。

方法は二つ。

「できる」と「知っている」だ。

子どもたちは好奇心が旺盛で、見るもの聞くものすべてに興味を示す。「なぜ」「どうして」「どうやればできるのか」という意識で常に物事を見ていることから、私は「訊く坊」「訊く子」と呼んでいるが、言い換えれば、「なぜ」「どうして」「どうやれば」に答えてやれば、

「パパ、すごい！」

と目を輝かせることになるのだ。

私が道場で指導するとき、幼児や低学年ではできないことをわざと実演して見せる。

「いいかい、試合で攻めるときはスピードと正確さが大事なんだ。たとえば、こう構えていて……」

解説をしながら、子どもたちの前で連続技を瞬時に繰り出して見せれば、

「早い！」

「すごい！」

と感嘆する。

実際はすごくもなんともない。幼い子たちの目からすれば「すごい」になるだけで、中・高生あたりが見れば「館長も歳だな」といったレベルだが、子どもたちは私のことを「できる」と認識する。パンチングミットを激しく叩いて見せて、「できる」のデ

モンストレーションをやることもある。

「このとき注意することは、しっかり脇を締めることで……」

解説はするが、子どもたちに理解させようとは思っていない。

「館長、すごい！」

と認識させるのが目的であるからだ。この時点で子どもたちは私の掌中となり、指導はより容易になる。

お父さんにとっても、この手法は有効だ。私の場合は、空手という技術を伴う分野での関係なので、「やって見せる」は不可欠としても、家庭においてはそれにこだわる必要はまったくない。

父子の関係は広範囲であるため、**自分の得意分野で「お父さん、すごい」を見せればよい**。従事する仕事について話して聞かせ、そこから世のなかの仕組みに展開するのもいい。好奇心旺盛な子どもは目を輝かせるだろうし、この目の輝きがすなわち、「お父さん、すごい」となるのだ。

仕事について語るべきことがないと言うなら、偉人たちの伝記を読み聞かせることを勧める。子どもと一緒に読みながら、偉人の生き方や努力について解説してやる。解説は語り尽くされた定番でよい。それを耳にする子どもは、お父さんの解説として

聞くため、

「パパは何だって知っている！」

「パパ、すごい！」

といういことになる。

そして、道徳を語る人の人格が高潔に見えるように、偉人のことを語るお父さんもまた、偉人同様、素晴らしい人に見えてくるのだ。

むろん伝記にかぎらず、釣りでも、キャッチボールでも、手品でも、得意なことがあればそれを用いて「すごい！」を演出するのもいいだろう。

だが、**得意なことが何もないと言うなら、歴史の話がイチオシだ**。専門的な知識は不要で、中学・高校で習う日本史や世界史程度で充分である。源氏と平家の物語でもいいし、アメリカの独立戦争の話でもいい。第二次世界大戦の話だって、もちろんかまわない。

子どもの知らないことを話して聞かせるのだから、知っている範囲でいいのだ。子どもは想像力がかき立てられ、「お父さんの話」に眼を輝かせることだろう。

十六　子どもと「友達」にはならない

私の孫娘が小学校に上がったころ、自分の兄を名前で呼び捨てにしたので、厳しく注意したことがある。自宅ではどうか知らないが、少なくとも私の前では「お兄ちゃん」と呼ぶようになった。

これまで多くの兄弟姉妹が道場に通ってきた。見ていて感じるのは、下の子が上の子を呼び捨てにするのは、同級生の感覚で接しているということだ。これは両方にとって好ましいことではない。「お兄ちゃん」「お姉ちゃん」と呼ぶことで、上の子は年長者としての自覚と責任感が芽生え、下の子は長幼の序という人間関係の基本を身につけていく。

『前《さき》に生まれん者《もの》は後《のち》を導き、後《のち》に生まれん者《ひと》は前を訪《とぶら》え』

とは、唐代・中国浄土教の道綽《どうしゃく》禅師の言葉で、「先に生まれた者は後に生きる人を導き、後の世に生きる人は先人の生きた道を問いたずねよ」という意味だが、人間関係はすべからくそうあるべきだと私は思っている。

父子の関係も同じで、お父さんを名前で呼び捨てにする小学生がたまにいる。お父さんもニコニコして返事をしている。「友達関係」でいることが、父と子の仲のよさの証明であると思っているのだろうが、これは大いなる錯覚である。社会規範、ものごとの善悪、人の行くべき道——といったことを教えるのはお父さんの役目であり、教える立場を「師」とすれば、教わる立場が「弟子」となる。父子の関係とは血のつながった「師弟」であって、友達ではない。

この自覚がお父さんにあれば、**父子の間に一線を画する**。**一線を画さなければしつけはできない**。したがって、一線を画すことのできないお父さんはやさしいのではなく、単なる責任放棄であり、責任を放棄した愛情を「溺愛」と言う。溺愛は字のごとく、わが子と一緒に愛に溺《おぼ》れてしまうのだ。

私は道場で子どもたちとどう接するべきか、いつも〝間合い〟を念頭に置いている。冗談も言うし、子どもたちにも軽口を叩かせもするが、子どもたちの言動が度を過ぎてきたと判断すれば、タイミングを図ってガツンと叱責する。

狙いは、師弟の間に引いた一線の喚起だ。

「館長はキミたちの友達ではない」

ということを言外に再認識させるというわけである。

お父さんも計算された叱責は大事だと思う。ただし、ことあるごとに叱責するのは感心しない。子どもが慣れっこになるからではない。いつもガミガミ言っていると、子どもは〝叱責される基準〟を体得できないため、いつも頭を屈めていることになる。これがよくない。

だから自由にさせておいて、ある一線にまで頭を上げてきたらガツンと叱責する。つまり、「どこまでワガママが許されるか」「どこまでの言動が許されるか」という瀬踏みをさせ、自分で基準を見つけていくことによって、子どもは成長していく。

お父さんの叱責はテニスやバレーボールのコートのラインのようなもので、「ここから出たらアウト」という基準を設ける代わりに、コート内では自由にプレーさせてやる。そして、**コートの広さをどのくらいにするかがお父さんの人生哲学である**。一線を画するとは、コートを形作るための線を引くという意味でもある。

十七　我慢を教えるために我慢する

私が家庭菜園を趣味にしていた数年前、世話になっていた地元農家の古老に耕耘機《こううんき》を借り、春野菜に備えて畑を耕し始めたときのことだ。

畑がゆるやかな斜面になっているため、重量のある耕耘機は自然に下がった方向へ進もうとする。私は把手を握る両腕に渾身の力を込めて軌道修正を図るが、耕耘機は意志を持っているかのように、地面を掘り起こしながら下へ下へと勝手に進んでいく。

悪戦苦闘する私を見ていた古老が、ポツリとつぶやくように言った。

「機械だって楽なほうに行きたがるんだ」

このひと言に、人生の先達としての達観が凝縮されているような気がして、私はハッとしたものだ。野菜作りを通して学んだことは多いが、古老のこのときの言葉もその一つとして記憶に刻まれている。

子どもは、この耕耘機と同じだ。易きこと、興味のあること、損得にしたがって行動する。我慢を「苦」とするなら、これらの行動はその対極にあるということにおいて「楽」であり、子どもは耕耘機のように楽なほうへと行きたがる。つまり、価値観の尺度は「自分と自分」であって、「自分と相手」という視点は希薄であるということだ。

言い換えれば、「自分と相手」という視点を持たせることがしつけであり、子どもたちがこの視点を身につけ、対人関係に活かせるようになることを、成長と言うのだ。赤ん坊を見ればよくわかる。お腹が空けば泣いて訴える。「腹が減った、ミルクをくれ！」という一点で、「自分と自分」——すなわち、念頭にあるのは自分の欲求だけ。（いま、お母さんは忙しくて手が離せないから、もうちょっと我慢しよう）といった「自分と相手」の視点は皆無。相手との関係において自分を律するという視点がないから〝赤ん坊〟なのである。

成長してからも、「自分と相手」という意識の希薄な人間は、身勝手として嫌われる。このことは、会社や組織で人間関係術に頭を悩ますお父さんたちは、先刻、承知のはずである。

では、「自分と相手」という視点を持たせるにはどうしたらいいか。我慢である。対人関係において我慢を教えることによって、否応なく「自分と相手」という視点が身についていく。

私の空手道場では、幼児・小学一年生を対象に「空手しつけ教室」を開いているが、折りに触れて、

「我慢とは何ですか？」

と質問する。

子どもたちは先を競って手を上げ、私が順次指名して発言させると、

「稽古したくなくても、我慢して稽古する」

「おしゃべりしたくても、我慢する」

「ふざけない」

舌足らずだが、思い思いの「我慢」を口にするが、それらはすべて、指導者である私がいつも言っていることなのだ。子どもたち自身が考えた我慢はない。つまり、「我慢とは何か」「我慢とはどういうことをすることなのか」といったことを、子どもたちは考えるのではなく、口移しに学んでいくということなのである。

だから、お父さんは、イロハから教えなくてはならない。

私の道場で言えば、「稽古したくなくても、我慢して稽古する」といった「自分と自分」における我慢から指導を始め、次第に「自分と相手」という対人関係における我慢に進んでいく。

たとえば、道場では稽古が終わると、雑巾で床の拭き掃除をさせる。水を使うのはうまく絞れないし、しつけが目的なので乾拭きさせるのだが、

「では、掃除！」

と私が言うなり、我先に雑巾に群がっていく。人に負けたくないという単純な競争意識もあるのだろうが、掃除という〝義務〟を早く終えて家に帰りたいという思いが子どもたちにある。

だから、私は言う。

「幼稚園と保育園の人が先で、一年生はあと！」

「なんで！」

「小さい子はいたわらなければだめ！」

こうして、少しずつ「自分と相手」という視点を持たせていく。

小学生もそれ以上のクラスになれば、同じ掃除でも、

「人が先、我はあと――。これが大事だ」

と、ちょっとしたフレーズを口にして、対人関係の意識を喚起する。

さらに高学年や中学生に対しては、「自利利他」といった仏教用語を引いて話をする。教義としては、さとりを得るために、みずから修行し努力することと、他の人の救済

のために尽くすことの二つを教えるのだが、これを私は「人のことを考えて行動する」「人を思いやる」というように置き換えて説明する。

もちろん、話をしたからといって、すぐに得心するわけではないが、**しつけとはボディーブローのように効いてくるもの**だと私は思っている。それこそお父さんが根気よく〝我慢〟して説いていくしかないのだ。

我慢を覚えるにつれ、子どもの精神は急速に成長していく。

空手を指導する楽しみは、試合に勝ってくれることよりも、この精神的な成長である。そして、**精神的な成長とは、我慢することをおぼえ、「自分と相手」、さらに「自分と周囲」というように人間関係術を学んでいくことを言う**のだ。

十八　すぐに結果を求めない

「なぜ、できないんだ！」

稽古中に、つい大声を張り上げることがある。

指導者のエゴだ。教えてそれができれば、誰だってチャンピオンになる。勉強だってそうだ。「教える」と「理解する」は決してイコールではないにもかかわらず、

「どうしてこの問題が解けないんだ」

と、つい怒ってしまう。

習いごとや勉強だけではない。オモチャや部屋の片づけなどもそうで、

「何度、言ったらわかるんだ」

と、わが子を叱った経験はどなたもあるだろう。

だが、かつて私がそうだったし、お父さん自身も気づいている人は少ないと思うが、こうした怒りの本質は、子ども自身にあるのではない。お父さんが自分の無力さを子

どもに転嫁し、ぶつけているだけなのである。
しつけや指導――すなわち「教える」は「忍耐」と同義語であると私は思っている。同じことを何度も教え、口が酸っぱくなるほど注意しても、必ず同じ間違いを繰り返す。忍耐が肝要であることはわかってはいても、成果として現れなければ、

（私の指導法が間違っているのではないか？）

と頭をかかえたこともある。他の道場ではどんな指導をしているのか研究もしたし、スポーツ指導に関する本も読んでみたが、大筋において私の指導法は間違っていないにもかかわらず、成果が現れない。どうしたものか解決策が見いだせず、イライラが続く。

そんなある日のことだ。趣味で始めた家庭菜園に出かけ、先で紹介した地元農家の古老の指導でダイコンのタネを播き終わってから、

「早く芽が出ないかな」

と、地面に顔を近づけながら言ったところが、

「人間の都合のいいようにはいかないよ。肥料をやって、水をやって、それを何度も繰り返してから芽が出るんだ」

古老にたしなめられた。

このときふと、

（子どもの指導もそれと同じではないか？）

という思いがよぎった。**何度も何度も同じことを繰り返し教え、子どもたちはそれを少しずつ吸収していって、やがて芽を出す**。私の指導法が間違っていたとすれば、「待つ」という心の余裕がなかったことではないか。成長にはタイムラグがあるのだ。

そのことに気づいてから気持ちが楽になった。私はただ一心に、肥料と水を子どもたちに与え続けていれば、それぞれの発芽時期に応じて芽を出す。芽を出さないとすれば、それは肥料と水をちゃんとやらなかった私が悪いのだ。家庭菜園で〝目からウロコ〟の体験をしたのである。

そしてのち、私はこんな体験をした。中学に進学した男子が、小学生たちを指導したあと、私にこんなことを言ってボヤいたのだ。

「ねぇ、館長。ボクたちが小さいころは、こんなんじゃなかった。頑張って稽古したのに、いまの子たちはちっとも稽古しない」

私は笑いを嚙みしめた。この中学生だって、小さいころに私が何度注意したことか。それがいまは自分のことは棚に上げて一端《いっぱし》の口をきいている。だが、このとき思った。この子は中学生になって発芽したのだ。

「なぜ、できないんだ！」

「何度、言ったらわかるんだ！」

と、その場で成果を求めるのは、タネを播き終わった地面に向かって、

「なぜ芽を出さない！」

と怒るのと同じであると、中学生のボヤきを聞きながら思ったのである。

『這えば立て、立てば歩めの親心』とは、子どもの成長を待ちわびる親の気持ちを言った言葉だ。赤ちゃんが這うようになれば、親は早く立たないかと思い、立って伝い歩きするようになれば、早く自分で歩くようにならないかと思う。どんな親でも子どもの成長を心待ちにしている。親心の微笑ましさだが、私はもう一歩踏み込んで、親の忍耐を説いているものと読み解く。

すなわち、

「這えば立て、立てば歩めと心急かさず、じっくりと成長を待て」

という戒めと受け取るのだ。

十九　差し伸べたい手を引っ込める

私は原則として、道場内で親の見学はしないようにしてもらっている。子どもの人数のわりには手狭ということもあるが、親がそばにいると小さい子は甘えてしまうため、自立の障壁になるからだ。

希望があれば見学はもちろんかまわないのだが、

「ボク、疲れた」

と言って母親にすがりついていく子もいたし、

「ちゃんとやりなさい！」

と思わずわが子を叱咤したお母さんもいたりで、子どもの成長にはマイナスになると判断し、入会時にこのことを説明して納得してもらっている。

小学校の中・高学年ともなれば見学を希望する親もさすがにいないが、それでもたまにはいる。すると子どもは親の手前、いい子ぶって素の自分を隠してしまう。私は空手の稽古を通して、これからの人生に資する何かを個々人が見つけることを指導理念としているので、これでは空手を習う意味がない。体育館を使用する団体は、場所も広く開放的なこともあって親は自由に見学しているケースもあるが、私の道場はそんな理由から親の見学は断っている。

余談になるが、私の道場には道場訓といったものはない。なぜなら、空手を習わせる親御さんの動機も目的も十人十色であるからだ。精神的に強くしたいと願う親もいれば、健康のためと考える親もいる。各種大会で活躍させたいと将来に夢を描いている親もいる。親の思惑とは別に、子どもによって身体能力も違えば、目指すものも違う。

だから僧籍にもある私は、釈迦に倣《なら》って対機説法——相手に応じて最善と思われる方法で指導する。精神力を強くすることを目的とした子であればそちらに力を入れる。選手として活躍することを目指しているなら、技量を中心に指導する。そんなことから画一的な道場訓はあえてつくらず、前述のように、個々人が人生に資する何かをつかんでくれれば、それでいいと考えるのだ。

指導で留意するのは子どもたちとの〝間合い〟である。これを常に考えて接し、指導しているのだが、たまに熱心なお父さんがいて、自宅でわが子にアドバイスする。

「もっとステップを使わなければだめだ」

「蹴りを練習しろ」

「声を出せ」

空手雑誌やユーチューブで研究しているのだろう。「パパにこう言われたんだ」と得意になって私に話してくれるので、すぐにわかる。熱心なのはたいへん結構だが、こうしたお父さんは決定的な過ちを犯している。オーバーティーチング――教えすぎるのだ。

幼児であっても、壁を一つずつ越えることで上達していく。指導とは、子どもたちの前に大小さまざまな壁を設定し、それを自分の力で越えさせることにある。だから教えすぎない。教えてやりたいけど我慢する。幼児であれば、「どうしたらパンチが早くなるかな」とテーマを与えてやり、自分で考えさせる。高学年であれば「フェイントから入れ！」と叱責する。

「どうやってフェイントかけていいかわかりません」

「考えろ！」

と突っぱね、自分で模索させる。

中学生以上になると、もっと突き放す。

「質問するときは自分で考え、答えを見つけ、〝こう思うんですが、これでいいでしょうか〟という訊き方をしろ」

考えること、考えさせることが大事で、考える力を身につけることを成長と言うのだ。

だからノット・オーバーティーチング——「教えすぎないこと」が指導のポイントなのだが、研究熱心なお父さんはそこに気がつかないというわけである。

「馬は水辺に連れて行くことはできても、飲ませることはできない」

とは、スポーツや勉強の指導法を語るときに用いられる言葉だ。かつて私もそう思っていた。結局、子どものヤル気に帰すというわけだ。

だが、いまは違う。馬を水辺に連れて行って飲ませようとするのではなく、

「馬が水を飲みたくなってから水辺に連れて行く」

と考えるのだ。

馬のノドが渇いていないのであれば、水辺につれて行くのではなく、野原を走らせる。ノドが渇くまで、水が欲しくなるまでひたすら走らせる。指導とは、こういうことを言うのではないだろうか。**先を急がず、決して教えすぎず、時到るまで、指導者の辛抱と根気こそ大事**というわけだ。

しつけも子育ても、それと同じだ。人生の先達としてのお父さんは、わが子可愛さ

で、いろんなことを教えたくなる。素直な子に育つように、みんなに可愛がられる子に育つように、勉強ができるように、そして健康で、自主性があって、親切で、やさしくて、道を踏み外さず、しかし芯の強い子になってほしいと、盛りだくさんの願いと期待がある。

だから、教えすぎる。「ありがとうを言いなさい」「悪いことをしたらあやまりなさい」という人間としての基本から始まって、「返事はハッキリ」「人には挨拶をしなさい」「ゲームは時間を決めて」「時間割りの用意は前夜」「予習復習は欠かさないこと」……。

子どもは考える暇《いとま》すらない。それでいいのだろうか？　「考える」という訓練をさせることこそ、お父さんの役目だと思うのだ。

「転ばぬ先の杖」は決して愛情ではない。転ぶときは転がせばよい。転んでヒザを擦り剝くことで子どもは学習していく。

お父さんの愛情は杖を差し出すことでも、転んだわが子を抱え起こすことでもない。**谷底へ落ちないように注意深く見守りながら、差し出したい杖をぐっと我慢する、**その忍耐にあるのだ。

第四章

子どもをしつける

二十　しつけは「形」から入る

私の道場は、稽古にやって来ると、入口を入ったところできちんと正座し、

「お願いします！」

と、両手をついて挨拶する。

帰るときも同じで、幼児にもさせているが、それを見て、知人の若手フリーライターのS君が顔をしかめて、こう言った。

「あそこまでしなくてもいいんじゃないですか？　大切なのは形式的なことではなく、心じゃないですか。真摯な気持ちで稽古に臨む気持ちさえ持っていれば、それでいいと思います。形式にとらわれて、おざなりな気持ちで子どもたちが礼をしているとしたら、そのことのほうが問題だと思うんですが」

私と歳は離れているが、親しいだけにハッキリとものを言う。遠慮のないところが好ましくもあり、私とはよく議論する。

たしかにS君の言うとおりで、大事なのは心だ。私もそれに異論はない。だが、心

をどうやって見せるのか？　問題はここにある。

「じゃ、キミは」

と、S君に問うた。

「自分は信用があると思うかい？」

「もちろん」

「じゃ、その信用とやらをここに取り出して見せてくれないか」

「まさか。実体のないものを見せることはできません」

S君が苦笑したので、

「実体がないのに、なぜキミは自分に信用があると言えるのかね？」

と突っ込むと、笑顔が消えた。

「キミは風を見ることができるかい？」

「見えるわけないでしょう」

「じゃ、風が吹いているかどうか、どうしてわかるんだ？」

「木立が揺れたり……」

言いかけて、聡明なS君は私が言わんとしていることに気づいたようだ。

「わかるだろう。キミの言うとおり心が大事だ。だが、心も気持ちも見えない。見えないものを見せるには、礼儀とか形式とか、実体としての形で現すしかないんだ。たとえばリスペクト（尊敬）という言葉が最近よく使われているけど、ガムをくちゃくちゃ噛みながら〝自分、監督のことをリスペクトしてるっス〟と言って気持ちが相手に通じるかな？」

S君は反論しなかった。

実を言うと、かつて私も「形」にこだわることを愚かだと思っていた。だが、僧籍を得て考えが変わった。

たとえば阿弥陀如来とは「無限の光」「いのちのはたらきを備えた仏」のことを言い、実体はない。そこで、私たちが見ることのできる具体的な姿として仏像が生まれる。仏像という形を通して、阿弥陀如来という「無限の光」「いのちのはたらきを備えた仏」を信知するというわけだ。

あるいは仏教では、心を称して「猿猴《えんこう》の如し」と言う。猿猴とはサルのことで、落ちつきのないことの譬えとして用いられ、「私たちの心は、常にいろいろなことに振り回されて、自分を見失っている」とする。

つまり、心ほど当てにならないものはないというわけだ。

だが、作法や形（形式）は違う。猿猴の如くせわしく変わる心と違い、その所作は時空を超えて微動だにしない。**心と精神を実体として表現したものが形であり、形に心と精神が内包されている**。だから私は形——すなわち礼儀、作法、形式は子どものしつけに欠かせないものだと考えるのだ。

道場の出入り、稽古の始まりと終わり、仲間の演武を見るとき、私が説教をするとき、すべて正座させる。子どもたちの心は「水」だと私は考える。器によって、いかようにも形を変える。だから私は、空手指導という範疇において、「かくあるべし」という礼儀、作法、形式という器に子どもたちを入れる。

そしてお父さんたちは、**自分の人生観にしたがって、「かくあるべし」という器にわが子を入れてしつければいい**。器という形を離れてしつけはなく、同時に、お父さんの人生観を離れたしつけはないのだ。

二十一　約束は守るものと刷り込む

幼い子は、「約束する」が大好きである。

「今日はフザケないで稽古したいんだけど、できるかな？」

正座して整列する幼児・一年生のクラスに問いかけると、

「できる！」

全員が元気よく声を出す。

「できる、じゃなくて、できます、だろう？」

「できます！」

「そうだ。では、約束できる人は手を上げて」

「ハーイ！」

先を競い、背伸びするようにして全員が手を上げる。

「わかった。約束だよ。さっ、立って！」

稽古を始めたとたん、男児が隣にちょっかいを出し始める。

「こらッ、フザケないって、いま約束したばかりだよ！」

「エッヘヘ」

イタズラ小僧の笑みを浮かべる男児に、

「○○ちゃん、だめだよ、フザケちゃ」

おしゃまな女児が、恐い顔をしてたしなめたり。

こんなことが、私の「空手しつけ教室」で毎度のように繰り返される。だから否応なく「約束」ということについて考えさせられる。

すぐに破る子もいれば、守る子もいる。これは言語に対する理解力の差だろうと考え、「フザケない」という抽象的な言い方を、「隣の子としゃべらない」と具体的に言い換えて約束させてみた。

同じだった。一人がフザケ始めると、たちまち伝播していく。こうして試行錯誤を繰り返すうち、約束を破る児童も、それをたしなめる児童も、約束の持つ本質的な意味がわかっていないことに気がついた。

「約束を守る」は信用の根幹をなすものであり、人格に関わる重大事だが、幼児・一年生にそこまでの認識はない。社会との接点を持ち始めた彼らは、「約束できるか？」という問いかけに対してノーと答えるのはマズイと、直感的にわかっているにすぎない。これが、現場で子どもたちに接しての私の思いである。

だから子どもたちは、条件反射的に「ハーイ!」と約束を守る意思表示はするものの、すぐに破ってしまう。いや、「破る」という能動的な意識は希薄で、「約束を守る」と「破る」に矛盾はない。「約束を守る」も本気なら、「フザケたい」も本気なのだ。

ところが、お父さんはここに気づいていない。道場の入口でむずがるわが子に、こう言って叱責する。

「稽古に行くって約束したじゃないか!」

約束を楯にとって履行を迫るが、それに従う子どもは当然ながら少ない。稽古に行くという約束は、ノーと返事したらマズイという意識の裏返しにすぎず、「稽古をしたくない」は「約束を守る」をはるかに凌駕する。

感情をねじ伏せて約束を履行するのは、成長し、約束が信用の根幹をなすものであることを認識して以降のことなのだ。

だから、「約束したじゃないか」と叱責しても、子どもは反省しない。

(そうか、ボクが悪いんだ)

という思いより、どうしてお父さんはボクをいじめるんだ——という反感が勝る。

叱責すればするほど、子どもの心は離れて行く。だから、この心理を知るお父さんは、そんな愚かなことはしない。

「約束したじゃないか」

と正論を口にしておいてから、

「じゃ、稽古が終わったらコンビニに寄ってアイスでも買うか」

と笑顔を見せ、攻め方を変えて子どもを道場に入れる。「約束したよね」とワンプッシュはしても、それを楯にとって批難することはしない。

大切なことは、**約束を守ることの重大さが理解できる年齢までは、意識下に「約束＝守る」ということを刷り込む**ことにある。そのためには、約束のとらえかたはポジティブであるべきだというのが、私の結論則なのである。

「約束は守りなさい！」

と、私は「空手しつけ教室」では叱らない。

「約束をしたり、それを守ったりするのは人間だけだよ。考えてごらん。ワンちゃんや猫ちゃんが約束するかい？」

問いかけると、

「しなーい！」

と口をそろえる。

それでも、すぐに約束は破るが、繰り返すように「破る」という能動的な意識はなく、単に結果にすぎない。だから、この年齢はそれでいいと思っている。考えてもみていただきたい。感情をねじ伏せ、約束を守ろうとする幼児や低学年の子がいたら、そのことが私には不気味だ。

お父さんとして、どうしてもこれは看過できないと判断すれば、

「約束だぞ！」

ガツンと叱ればいい。

だが、「叱る」の狙いは「約束は守るもの」という刷り込みにあることを忘れてはならない。**刷り込みはポジティブを装うべきで、刷り込みの度合いは叱責に反比例するのだ。**

二十二　裏切られても信じる

「ねぇ、館長、走っていい？」

　真冬のある夜のことだ。リーダー格で、小学校六年生のN子が、私にそう言ってきたことがある。自分の道場のほか、中学校の体育館剣道道場を借りて稽古しているのだが、道場と違って暖房をしていないため、冬は寒い。だから時折、稽古前に走らせる。ただ走ったのでは面白くないだろうと、メニューをみんなで相談させ、リレー形式で走ったりして楽しんでいる。

　だが、走って遊ぶことに夢中になると、稽古がつまらなくなる。そうなったのでは本末転倒である。私はそのことを懸念して、しばらく〝走り〟はやらせなかったところ、リーダー格のN子が子どもたちを代表して「やらせてくれ」と言ってきたわけだ。

「ここは遊ぶところじゃない」

　ノーの返事をするが、

「みんなが走りたがっているんだから、いいでしょう？」

と食い下がる。

下級生たちが成り行きを見守っている。走らせてやってもいいとは思う。だが、頼めば言うことをきいてくれると思わせるのは指導上、よろしくあるまい。〝壁打ちテニス〟ではないが、時には当たってきた球を跳ね返すことも必要だ。

「冬に頑張って稽古した成果が春にあらわれるんだ。いま頑張らなくてどうする」

「だって寒いんだもの」

「寒けりゃ稽古しろ」

「お願い」

手を合わせる。

「だめだ」

「走ったら、頑張って稽古するから」

ここで私はハタと考えた。交換条件を出してきたことに対して、〝壁打ちテニス〟をやっていいものだろうか。だが、走らせてやっても、そのあと約束どおり頑張って稽古するかどうか、はなはだ疑問でもある。信用するべきかどうか、一瞬の躊躇があったが、

「わかった。二十分やる」

と、私は返事した。

「本当に二十分たったら稽古するんだな」

と念を押したかったが、それは踏みとどまった。了承した以上、問うたり念を押したりすべきではないと思ったからだ。信じたら問わない。これは私の人生観でもある。

子どもたちはN子の采配で、リレー形式で歓声をあげて走り回っている。私は壁の時計をチラチラと見ている。ちょうど二十分が過ぎた。私は何も言わない。やめなければ、そのまま放っておくつもりでいたところが、

「はい、終わり！　時間だから稽古するよ！」

N子が声を張り上げた。

私は目を見張る思いだった。N子は芯が強く、それだけに〝姐御《あねご》肌〟で、いささか大人に楯突くタイプの子どもだった。「信じたら問わない」と言えば聞こえがいいが、本心ではN子は走るのをやめないだろうと思っていた。ところが「はい、終わり！　時間だから稽古するよ！」と、凜として言ったのだ。

私は自分が恥ずかしくなった。しかもその夜の稽古は全員、いつもより熱のこもった稽古をしてくれた。私はこのとき、「子どもを信じる」ということの大切さを痛感したのだった。

「信じる」は、きれいごとかもしれない。実際、裏切られることも少なくない。だが、このときの経験から、「信じる」はあくまで私の問題であって、裏切られるかどうかは別次元であるということに気がついた。

「約束を守ってくれるなら信じる、守らないかもしれないから信じない」というのは、ギブ・アンド・テイクの考え方であって、指導者として恥ずべきことだと思ったのである。**信じるとは一方的な思いであって、そこに理由も保証も介在しない**。理由や保証を伴うものは、「信じる」とは言わないのだ。

これは、お父さんも同じではないか。

小学校高学年の父親から、

「息子はそちらに行っていますでしょうか？」

と道場に問い合わせの電話があったことがある。

「いえ、来てませんが」

「そうですか。稽古に行くと言って家を出たんですが、どうも最近、ウソを言って友達と遊んでいるようなんです」

と、お父さんは怒気を含んだ口調で言った。

子どもの言うことを信じていないのだ。だが、私はお父さんと話をしながら、二つの思いが交錯していた。わが子の言動が信じるに足りないから信じられないのか、それともお父さんが信じていないことに反発して子どもがそうしているのか。私はにわかに判断がつきかねたが、一つだけ確信したのは、このままではこの子は道場をサボり続けるだろうということだった。

わが子のことを信じていれば、言葉の端々、あるいはちょっとした態度にそれは出る。自分のことを信じてくれていると思えば、子どもといえどもそれを裏切ることはしないものだ。いや、裏切られてもいいではないか。

他人を裏切るのならともかく、裏切られるのはこの自分――父親なのだから。信じて、信じて、信じ切る。その結果、**裏切られたとしても本望であると覚悟したとき、父子の心は通う**のではないかと、私は思っている。「わが子を信じる」とは、対象はわが子ではなく、お父さんが自身と対峙することを言うのである。

二十三　祖父と父の対立構図で語る

「片づけなさい！」

頭ごなしに怒鳴られると、子どもは反発する。理屈を超えた人間心理だ。だから片づけを始めても憤懣が渦巻いている。

「自分だって酔っ払って帰って、ママに叱られてるじゃないか」

と、そんなことを心のなかでブツクサ言っているかもしれない。

「出したオモチャは片づける。約束だろう？」

さとすのは、頭ごなしに怒鳴りつけるより子どもの心に響くが、

（そうだ、約束を守らなくちゃ）

と、素直に反省はしないものだ。反省は、自分の言動を非とすることによって成り立つもので、理性ある大人でもこれは難しい。まして子どもとなればなおさらだろう。

では、こう言ったらどうか。

「パパも小さいころ、オジイちゃんにオモチャを〝片づけろ〟ってよく叱られてね」

俄然、興味を示す。

「叱られたの？」

「うん」

「で、パパはどうしたの？」

お父さんも自分と同じ立場にいたことに共感をいだく。共感をいだけば、そのときお父さんはどう処したかということが気になってくる。腹を立てたのか、素直に言うことをきいたのか……。

そこで、お父さんは言う。

「腹が立ったさ。片づけなくちゃならないということはわかっているけど、片づけるのって面倒だものな。でも、約束は約束だからさ。腹を立てながら、それでも頑張って片づけたんだ」

こんな言い方をすれば、まず間違いなく子どもは片づけを始める。お父さんが子どものころに自分と同じ体験をしたという共感からだけではない。「オジイちゃんに命じられたパパ＝自分」という意識は、「オジイちゃん」VS「かつて子どもだったパパとボク」という対立と連帯の図式としてとらえる。こうして父子の仲はより緊密になり、お父さんの言うことを素直に聞くようになる。

道場で、館長の私が〝悪役〟になれば子どもたちは連体する。

「今日は小休止なしだ！」

「どうして！」

「ボクたち一所懸命やってるんじゃない！」

口々に文句を言う。

私が本気で怒っているとわかっていれば、子どもたちが反抗的な態度を取ることはもちろんないが、私の叱責にイタズラ心を嗅ぎ取ると、彼らもゲーム感覚でブーイングを浴びせてくるというわけだ。

「ダメダメダメダメ、小休止なし！」

「ひどい！」

それほど仲がいいわけでもない子ども同士でさえ、結束する。だから子ども同士を仲よくさせようと思えば、私が〝悪役〟になり、対立軸を設定するのが手っ取り早くて効果的なのだ。**「子ども同士」を「父子」に、「対立軸」を「オジイちゃん」に設定すれば、父子はより結束する関係になる**というわけだ。

そして、お父さんが祖父母を語り、自分の子ども時代を語るということは、肉親というもっとも身近な存在を通して、人間関係の機微というものが心にしみこんで理解できる。

私の両親は父方の祖母が亡くなったとき、祖父と同居した。当時、小学四年生だった私にはよく理解はできなかったが、同居による母親の苦労をなんとなく感じていて、祖父とは距離を置いていた。

そんなある日の夕食時だった。何の話をしていて飛び出したエピソードだったか記憶にないが、父が子どものころ高熱を出し、祖父がおぶって夜道を走って町医者に連れて行ってくれたという話をした。一杯機嫌の父は、祖父が町医者を叩き起こしたのだと笑って言った。

このとき私は、母と舅という関係の一方、幼かった父と、わが子をおぶって走る祖父の若かったころの顔を想像し、「父子」という切っても切れない絆を感じたことを、いまも覚えている。

子どもに伝えたいこと、しつけたいことがあれば、

「おまえはどうすべきか」

とストレートに説くのではなく、

「パパが子どものころ、オジイさんにこう言われたんだけど、腹が立ってね」

と、わが子と同世代だったころの話を持ち出す。目的は思い出を語ることにあるの

ではなく、**思い出を語ることによってしつけ、メッセージする**ことにある。

道場で子どもたちと雑談していると、パパやママの話題はよく出てくるが、祖父母はあまり登場しない。核家族化ということもあるだろうし、長寿の時代、祖父母が元気で自立していることから手がかからず、そのことが一族の関係性を希薄にしているということもあるだろう。試しに祖父母の年齢を問うてみると、しばらく考え込んでから「わからない」と言う。少し淋しい気がする。

私の実感として、両親があまり祖父母のことを話題にしていないのではないかと思っている。オジイちゃんがどうした、オバアちゃんがどうしたと話す子どもは——これは私の勝手な思い込みかもしれないが——人間性が豊かなように思うのだ。

二十四　「客観的」に叱責する

正座で整列する子どもたちに、こんなことを問いかけてみる。

「上手になったと思う人」

「ハーイ!」

幼児・一年生の「しつけクラス」は全員が元気よく手を上げる。ちょっとためらってから手を上げるのは小学校低学年で、高学年になると、手はまず上がらない。

その差はどこからくるかおわかりだろうか?

客観的に自分を見られるかどうか——すなわち、客観的判断や評価ができるかどうかの差なのだ。高学年の手が上がらないのはテレもあるが、客観的に自分を判断できる年ごろともなれば、無邪気に手はあげられまい。

その点、低学年以下は、自分を客観的に評価できていない。

「頑張って稽古した人」

「ハーイ!」

瞬時に全員が手を上げる。

「腰をしっかり落として稽古している人」

「ハーイ！」

「ホントかな？」

と懐疑の言葉でも発しようものなら、

「ホントだよ」

「もう足が痛くなったんだから」

口々に抗議する。

私から見れば、頑張って稽古しているようには見えないし、腰も突っ立っているが、当人たちは本気でそう思っている。

子どもによっては、四、五年生になっても客観視できない子がいるので、叱り方には工夫がいる。

「腰が高い！　落とせ！　何度、同じことを言ったらわかるんだ！」

これは意味がない。腰を落としていると、自分では思っているのだから、どうして怒られるのか混乱する。

「稽古中はフザケちゃダメだと言ってるだろう！」

と叱っても、自分ではフザケていることがわかっていないのだから、効果はあまりないということになる。

昔はこのことに気づかず、稽古のたびに毎回、同じ叱責をしなければならないことにうんざりしたものだが、

「子どもは自分を客観視できない」

「客観視できたとしても、それは主観を客観と錯覚しているだけである」

という気づきは〝目からウロコ〟であった。

「腰を落とせ！」

と言うのではなく、

「いまより、あと十センチ落とせ！」

と、現状を基準として客観的に指示することにした。十センチ落とすかどうかはともかく、「いまより」という明確な基準があるのだから、どの子も落とす。

「頑張って稽古しよう！」

と言うのではなく、

「汗が出てきたら小休止！」

と、これも自分たちで客観的に判断できる基準を与えてやることで、みんなは頑

張って稽古をする。

「フザケちゃだめ！」

という注意は、

「隣の人と話をしたくなったら手を上げて、館長がいいよと言ってから話すように」

こう言えば——長時間はもたなくても——これまでにくらべて、フザケることは確実に少なくなる。

抽象的な指示を理解できる子もいるが、**「指示は具体的」が鉄則だ。叱るときは「誰が、なぜ叱られるか」を明確にする。**

「キミたちはいつもフザケている」

と、全体を対象にしたのでは、自分もその一人であるという認識は薄く、人ごとになってしまう。

「A君は整列するのが遅い！」

「B子ちゃんは、拳《こぶし》をちゃんと握っていない！」

個々を名指しして具体的に注意する。

「オモチャを片づけなさい！」

と言って叱るのではなく、

「ガンダムを、オモチャ箱へしまいなさい」

と言う。

「早く支度しなさい！」

と言って急かすのではなく、

「七時二十分までに洋服を着なさい」

と具体的に時間を指示する。

客観的に物事を判断し、評価できるようになるまで、これは続けたい。**「噛んで含める」という教え方や指示は**、**細々と伝えるということのほかに**、**「客観的」という意味がある**ものと私はとらえている。

二十五　怒りを噴出させない

「叱る」には二種類ある。

一つは計算された「叱る」で、もう一つは計算外——すなわち、カッとなって突発的に叱るものだ。

「計算して叱る」はしつけの一手法で、私はときどき用いる。道場の雰囲気を冷静に見ていて、子どもたちの気持ちが弛緩してきたと思えば、叱るタイミングを狙って、

「こらッ！　いつまでフザケているんだ！」

怒声を発する。

子どもたちがビクッとし、道場がシーンなったところで正座で整列させ、

「道場は稽古するところであって遊び場じゃない」

と説教する。

私は細かいことは言わず、ちょっとした悪フザケやおしゃべりは大目に見るのだが、放置しておくと調子に乗るのが子どもたちだ。空手は、突いたり蹴ったりするので、

遊び半分で稽古しているとケガにつながりかねない。だから気持ちが弛んできていると思えば「こらッ！」と叱るわけだ。

これが計算された叱責で、叱責を通してしつけをしていく。叱る側は冷静であるため、感情的にならず、子どもたちの精神状態を推し量りつつ、きちんとフォローもできる。この手法は有効で、大いに用いるといいだろう。

問題は、計算外の「カッとなって叱る」だ。

「いつまでテレビを観ているんだ！」

「宿題はどうした！」

つい怒鳴ってしまう。このときの「叱る」は怒りの爆発である。お父さんはそうと気がついていないだろうが、わが子に対する日ごろの不満やイラ立ちがあり、それが「いつまでもテレビを観ている」ということを引き金に爆発したものである。怒りとはそうしたものだ。火山の噴火のようなもので、いったん吹き出した〝怒りのマグマ〟は次から次へと噴き上げてくる。

「オモチャを片づけなさい！」

「出したら片づけなさいといつも言っているだろう！」

「ご飯も、いつも残す」

「授業中、隣の子とぺちゃくちゃ話しているそうじゃないか」

「先生から聞いているぞ！」

マグマはとどまるところを知らず、子どもはいったい何を叱られているのかわからなくなってしまう。心に刺さるのは「お父さんの怒りの言葉」だけとなれば、反省はおろか、反抗心がもたげてくる。

このことは道場の指導を通じて、私はわかりすぎるくらいわかっているが、たとえて言えば、妻がちょっとしたことをキッカケに夫を批難するときがそうだ。

怒りの第一撃に続いて、

「だいたい、あなたという人は」

と、これまでのいろんなケースをあげつらって憤懣をぶつけてくる。それに、お父さんたちはうんざりする。非は自分にあるとわかってはいても、怒り方に反発するのだ。

だが、人間は誰でもカッとなることがある。僧籍の立場から言えば、怒りという感情は人間すべてに具《そな》わった煩悩だ。だから絶対に封じることはできないし、理性では抑えることもできない。

「怒る前に深呼吸しなさい」

「カッとなったら数を六つ数えなさい」

といったことを言う人がいるが、これは大間違い。深呼吸できたり、数を数えたりできる場合は、気持ちにまだ余裕があるのだ。熱いお湯に手を入れた瞬間、「熱い！」と手を引っ込める。それと同じで、本能的な反応であるため、深呼吸することも、六つ数えることもできはしない。「カッとなる」もそれと同じで、理性に入り込む余地はないのだ。

だから、カッとなって怒るのはやむを得ない。だが、**「カッとなる」は瞬時の反応であって、怒ったあとの態度は理性でコントロールできる**。

ここが、ポイントなのだ。

「いつまでテレビを観ているんだ！」

と叱ったあとに、

「オモチャを片づけなさい！」

と、続けて噴出する〝怒りのマグマ〟は理性で抑えられる。「怒りの爆発＝火山のマグマ」ということを知るお父さんは、**次から次へと叱責の言葉をぶつけていくという愚かなことはしない**。

「いつまでテレビを観ているんだ！」

と叱ったら、叱責はそのことだけに限定して、

「おまえは約束を守れる子だろう？」

さりげなくホメ言葉でフォローしてやれば、子どもは反発することなく自分の非を素直に認めるものだ。

会社の上司を思い浮かべてほしい。一つのミスを引き金にして、これまでの仕事ぶりをネチネチ叱責する上司は部下の反発を買う。だから、部下は反省しない。反対に、厳しく叱責されても、対象はそのことだけに限定され、

「期待しているんだ。これから頼むぞ」

フォローの言葉とともに叱責をさっと切り上げれば、「あの上司は厳しいけど、サッパリしている」と言われ、人望にもつながっていく。父子の関係も、それと同じなのだ。

二十六　体罰には「覚悟」をもつ

体罰は、指導者の敗北である。

私の信念だ。

体罰を科して意に従わせようとするのは、犬や猫をしつけるのと同じで、そこには指導者の能力も人格も介在しない。必要とされるのは、問答無用で罰を受け入れさせる恐怖力と権力だけで、こういうのは指導とは言わない。

かつてバスケットボールの強豪高校で部員の自殺者を出した。体罰は指導ではなく暴力であって、部員たちは体罰によって精神的に追い込まれていく。絶対にあってはならないことで、「部活」を「家庭」に置き換えれば、お父さんにとって、わが子の体罰に対する問題提起になってくる。

体罰を私は否定するが、それは指導手段としての罰を否定するものであって、「手を上げてでも叱らなければならない」と判断したときは、ためらわずそうするべきだと思っている。「愛のムチ」ではない。

「愛のムチ」は、その子のために振るうものであって、手段の一つである。手段の一つであるなら、ムチでなくてもいいということになる。むしろムチは手っ取り早いということにおいて安易だと考える。ムチ以外にどういう手段と方法を用いるか、ここに指導者の人格と見識が問われる。

だが、指導の一環でなく、重大な事故につながるかもしれないといったケースは、確信的にムチをふるうべきだ。これはお父さんのわが子に対する処し方も同じで、ムチをふるうべきときにふるえないとしたら、それは責任放棄である。

道場を開設して二十一年間で、私は手を上げたことが二回ある。

一回は〝打ち込み稽古〟のときだった。この稽古は二人が向かい合い、構えた相手に突きを繰り出していくのだが、指導者としてはケガをさせないよう細心の注意を払う。拳サポーターという安全具をつけさせているが、構えただけの相手は無防備であるため、当てるのは論外として、拳サポーターが相手の顔面に触れてもいけない。

このことを厳しく指導して稽古を始めるが、あるとき、小学六年生の男子がふざけて相手の顔面を叩いた。軽くだったし、ケガに至るほどのものではなかったが、当てた子がヘラヘラ笑いながら「また当ててやるぞ」と言っている。面白半分で当てたのだ。

口頭で注意してもよかった。怒鳴ってもいい。だが私は、これを放置すれば道場全体にとって安全にかかわる問題だと考えた。稽古を中断させ、

「当てるなと言っただろう。ケガしたらどうする！」

と怒鳴りつけ、みんなの前で頬を張り、相手に謝らせた。

もう一回は、腹筋運動をやっているときだった。イタズラっ子の五年生が途中で起き上がると、床に仰向けになった子の腹の上を飛び越えたのだ。私はヒヤリとした。まかり間違えば大変なことになる。イタズラっ子だけに、ことあるごとに私は叱責はしていたが、今回も叱責ですますと、今後の事故につながると判断した。

「〇〇！　危ないだろう！」

怒鳴りつけるや、出席簿で頭をパシンと叩いた。彼は驚いて顔を強張らせ、「ごめんなさい」と謝った。以後、イタズラはしなくなった。

お父さんも同じではないか。**叩いてでも注意すべきケースだと判断したら、ケガをさせないように配慮しつつ、手は上げるべき**だ。

「絶対に手を上げない」という信念を貫くのなら、それはそれで一つの見識だが、手を上げたくても上げられないとしたら、そのことのほうが、お父さんの処し方として問題だと私は考える。

こんな話を、三十代初めのお父さんにすると、

「手を上げていいのは、どんな場合でしょうか」

と訊いてきた。

マニュアル世代だな、と思った。**どういうときに手を上げ、どういうときにわが子を抱きしめてやるか、その基準こそが、お父さんの人生観**ではないのか。体罰が否定されるべきことは言うまでもないが、体罰の背後には、もっともっと深い意味があるように私は考えるのだ。

第五章

子どもと触れ合う

二十七　子どもの話に「感動」する

疲れて帰宅し、奥さんが待ち構えていたように今日一日の出来事を話し始めたら、お父さんはどんな気分になるだろう。うんざりもすれば、「疲れているんだ、あとにしてくれ！」とムカッ腹を立てたりもするが、それで奥さんは納得するだろうか。「私に配慮が足りなかった」と反省するだろうか。

納得も反省もしない。

「なによ、その言い方は！」

日ごろの不満を引っ張り出してきて、最後は夫婦ゲンカになったりもする。奥さんとしては夫に聞いてもらいたいのだ。だから帰宅を待ち構えていたのに、「疲れているんだ！」と怒鳴られれば腹が立つ。この瞬間、夫婦の信頼関係は吹っ飛んでしまうのである。

子どもがお父さんの帰宅を待ち構えて話しかけるのも、奥さんと心理は同じだ。お父さんに聞いてもらいたい一心であるのに、**面倒くさそうな態度を見せたり、適当に**

あしらったりすれば子どもの心は傷つき、お父さんに対する信頼は揺らぐことになる。

道場で、子どもたちが口々に私に話しかけてくる。

「館長は空手が仕事なの？」

「お坊さんやっているってホント？」

「ボクのパパも、子どものころ空手を習ってたんだって」

話の内容はいろいろで、正直言って面倒くさくなることもないではないが、私はきちんと対応する。これまでの経験で、**笑いを交えた子どもとの雑談こそ、コミュニケーションの王道**だということがわかっているからである。

特に留意するのは、道場に入ってくるなり話しかけてくる子どもだ。お父さんの帰宅を待ち構えて話し始める逆バージョンで、「この話を館長にしよう」と思って道場にやってきていると推察するからだ。

「日曜日にディズニーランドへ行ったんだ」

「今週の土曜日、ばあばの家に遊びに行くんだよ」

「習字、入選したのよ」

私はその一つひとつに「誰と行ったの？」「ばあばの家はどこ？」「入選？　そりゃ、すごいな」――と受けとめる。稽古の開始時間があるので長くは会話しないが、子どもたちが「話してよかった」と思う程度の会話になるよう心がけている。

子育てに関心のあるお父さんであれば、子どもの話し相手になってやることの大切さは重々承知のことと思う。だが、承知はしていても、疲れて帰宅したときなど、子どもとの会話がわずらわしくなることもある。子どもの寝顔に頬をゆるめるお父さんであっても、それは同じだろう。

では、なぜ子どもとの会話がわずらわしくなるのか。「疲れている」は遠因であって、本質ではない。わずらわしくなる原因は、会話術に対する誤解――「会話はきちんと聞いて、きちんとした受け答えをしなければならない」という刷り込みにある。

わが身に問いかけてみればわかるが、会話とは、お互いが自分が言いたいことを口にする言葉のキャッチボールなのだ。「捕って投げる」ではなく、「投げるために捕る」と考えればわかりやすいだろう。

あるいはカラオケボックスで、友達が歌っている間に自分の歌を探すのと同じで、自分が歌うために友達の歌を耳にしているにすぎない。同様に会話も、自分が話をするために、相手の話を聞くのであって、極論すれば話が嚙み合わなくてもいいし、会話を通じた結論を導き出す必要もない。ひらたく言えば、話したいことを話すのが会話なのである。

このことがわかれば、会話ほど楽なものはない。

「今日、学校で運動会の練習があったんだよ」

「ほう、そうか」

「徒競走で一番だった」

「それはすごい」

「リレーの選手に選ばれたんだよ」

「たいしたもんじゃないか」

相槌で受けとめてやるだけで、子どもにとっての会話は十二分に満たされている。

なぜなら話し手は、何をどう話すか組み立てができているからだ。子どもの場合、そこまで明確でなくても、「何を話すか」という結論は頭のなかにある。先の例で言えば「リレーの選手に選ばれた」ということを自慢したくて、お父さんの帰りを待っていたのだ。

だから、相槌を打つだけでよく、気の利いた言葉を返すのはマイナスに作用する。

「徒競走で一番だった」

「何人で走ったんだ？」

「八人」

「スタートは?」

「ちょっと出遅れたけど、追い抜いたんだ」

「よし、じゃ、スタートのコツを教えてやろう」

子どもにしてみれば話が横道にそれてしまい「リレーの選手に選ばれた」という結論にいかないことになる。

お父さんが気の利いた返事をしなくてはならないと思うから、疲れて帰宅したとき、子どもに話しかけられてわずらわしくなるのだ。疲れていれば子どもの会話は耳をスルーさせながら、「ホーッ!」「ヘェーッ!」「すごい!」「まさか!」と感嘆の相槌を打ってやるだけで、子どもは大満足。これを「聞き上手」と言うのだ。

二十八　質問には質問で答える

鋭い質問を突きつけられ、返答に詰まったら、答えは「質問」で切り返す。

これが、タフネゴシエーターの基本だ。

たとえば会社の販売会議で、

「売上げ目標に届いていないではないか」

ライバルが上司の前で、ここぞと責任を追及してくる。

「得意先の部長が交代したことが大きく響いている」

と反論すれば、

「部長頼みで営業していていいのか」

「人脈も大切な営業ツールだ」

「その大切な営業ツールで成績を落としているではないか」

ガンガン押しまくられ、最後は土俵を割ってしまう。

攻めを受けたのが拙劣。「売上げ目標に届いていない」という現実がある以上、この土俵で争ったのでは勝ち目はない。

タフネゴシエーターは、たとえばこう反論する。

「確かに成績は落とした。指摘は理解できるが、これを批難するキミの意図が理解できない。何が言いたいんだ?」

すり替える。相手の質問に答えているように見せつつ、質問で切り返し、「キミは私を蹴落とそうとして、この話を持ち出しているのではないか」——と、責任追及の本質は私怨にあることを言外に匂わせ、優位に立とうとするわけだ。

この手法を応用し、私は子どもの指導に用いる。子どもがちょっとした質問をしてきたとき、**それをレバレッジにして質問で返し、話をさらに展開し、子どもに「思考」という方法論を教えていく**のだ。

子どもは好奇心旺盛で、「どうして」「なぜ」と、ことあるごとに訊いてくる。先に触れたように「訊く坊」であり「訊く子」だ。たとえば、私の頭髪。私は浄土真宗本願寺派の僧籍にあり、剃髪にしている。浄土真宗は有髪でもかまわないのだが、剃ったほうがさっぱりしているので私はそうしているが、これが入門してきたばかりの子どもには不思議なのだ。

だから必ず訊いてくる。

「館長はどうして髪の毛がないの？」

と、ためらいがちに問いかけてくるのは低学年の子で、高学年のイタズラ小僧になると、

「館長はなんでツルっ禿なの？」

「ハゲちゃったの？」

遠慮も何もあったものではない。

ポイントはここだ。

「お坊さんだから」

と答えたのでは、「フーン」と納得して終わり。せいぜい「どうして？」と訊いてくるくらいで、これを答えたとしても、子どもは一つの疑問――それも、子どもにとって益のない疑問が解消しただけで終わってしまう。

だから、私は質問で返す。

「どうしてそんな質問をするんだい？」

これに子どもは戸惑う。「なぜ頭髪がないのか」という対象に対する疑問が、私の切り返しによって、「なぜ自分はそんな質問をしたのか」と、自分に対する疑問に転じてしまうからだ。

「ウーン、ちょっと気になって」

「ほう、キミは人の頭をいつも気にしてるのか？」

「そういうわけじゃないけど」

「館長の頭が人と変わっているからかい？」

「うん」

「もし館長が病気で、頭の毛が抜けたのだとしたらどうだい？　そんなこと問われたら可哀相じゃないか」

これ以上、突っ込むと子どもが「問う」をためらうようになるので、話はここで打ち切り、

「館長はお坊さんなんだ」

と言って笑い飛ばして会話は明るく終える。子どもはそうと意識しないだろうが、**「自分に問いかける」「自分を振り返る」ということを通じて思考ということを学び**、**対人関係という心理的な機微に気づいていく**のではないか。少なくとも私はそう信じて、「問い」には「問い」をもって答えることにしているのだ。

最悪は「うるさい」「自分で考えろ」という〝門前払い〟である。お父さんは忙しいし、子どもの「どうして」は、大人の目からすればどうでもいいようなことが少なく

ない。時に、「どうして勉強しなくちゃならないの」と、返答に困るような本質的な問いかけもある。だからつい、「子どもは勉強が仕事」「つまんないこと言ってないで、さっさと勉強しなさい」と突っぱねてしまう。

これは私も同じで、多くの子どもたちに空手指導をしていれば、子どもたちの「なぜ」にいちいち付き合っているわけにはいかない。だが、それではいけないと自分に言い聞かせる。

「うるさい」

という〝ホンネの一語〟が子どもの好奇心の芽を摘み取るだけでなく、子どもの心を閉ざし、本質を考えるという思考訓練の機会を逃してしまうことになる。そう考えれば、とても無視などできなくなるのだ。

二十九　問いかけ方を工夫する

保護観察対象者は口数が少ない。

「お勤めご苦労さん。長かったね」

笑顔で話しかけるが、

「ええ」

といった程度で余計なことは言わない。相手は刑務所を仮出所の身とあって、

（この保護司は堅物か、話がわかるのか？）

と、初めのうちは様子見なのだ。

対象者は少年も多い。犯罪をおかし、そのまま保護観察処分になるケースと、少年院に送られたのち、仮退院して保護観察になるケースがあるが、彼らもまた口数は少なく、様子見である。

「お母さん、仮退院できて何か言っているかい？」

「特には」

「少年院の生活はどうだった？」

「ええ、まあ」

こんな調子だが、会話が弾むかどうか――すなわち、コミュニケーションがうまく取れるかどうかは、更生を手助けするうえできわめて重要で、彼らが抱えている**悩みや問題がわからなければ的確な助言をすることはできない**。

だから「対話術」に腐心する。

かつて週刊誌記者として十五年ほど取材してきた経験をもとに、どういう話の切り出し方をすれば口を開いてくれるか、どういう問い方をすれば真意を語ってくれるか、さらに対象者が話し始めたとき、どういう傾聴の仕方をすれば会話が途切れないか――といったことを私なりに研究し、実践してきた。

「対話術」は双方の立場やキャラクターによって違ってくるが、基本はある。以降は「私流」だが、口数の少ない子や引っ込み思案の子、さらに自分の意志を主張することを苦手とする子に有効だと確信するので、ポイントを紹介したい。わが身とわが子に引き寄せ、自分流にアレンジしていただきたい。

お父さんたちがわが子に問いかけるのを聞いていていて拙劣だと思うのは、子どもがイエス・ノーで答えられる質問をすることだ。

たとえば、道場に送ってきたお父さんが、入口でぐずぐずしているわが子にこう問いかけたことがある。

「稽古したくないのか？」

子どもが小さな声で「うん」と返事して黙り込む。

「疲れているのか？」

「うん」

「お母さんに言ったのか？」

黙って首を横に振る。

「じゃ、今日は稽古を休んで帰るか？」

コクリとうなずく。

「稽古」を「学校」に置き換えても同じこと。こうした父子の対話はいろんな場面で見受けられるが、イエス・ノーで答えられる問いかけをしたのでは、子どもの真意はわからない。**いま何を考え、どういう気持ちでいるかを探るには、わが子に語らせ、そこに手掛かりを見つける**。語らせるには、語らざるを得ない問いかけにすればいいのだ。

道場の入口でぐずぐずしていれば、「どうした？」と問いかけて、あとは返事を待てばよい。ところが「稽古したくないのか？」と先走って〝答え〟を投げかけてしまうため、子どもは〝渡りに船〟でイエス・ノーの返事になってしまうのだ。

「疲れているのか？」

と問いかけ、子どもが「うん」とイエス・ノーで答えたら、

「どうして疲れているんだ？」

と、すかさず次の問いにつなぐ。この問いはイエス・ノーで答えられないため、

「学校でドッジボールをしたから」

とかなんとか理由を口にする。

「誰と？」

「クラスの友達」

と話を展開すれば、わが子のクラスでの〝立ち位置〟が見えてくる。

私が保護観察対象の少年と話をするときもそうだ。

「仕事、きついかい？」

建築現場で働いている対象者にそう問いかけたのでは、返事は言葉少なくイエス・ノーになってしまう。だから「昨日の現場はどこだい？」「仕事に行くとき、朝メシはどうしてるんだ？」といった問いかけをし、言葉を発しなければならないように仕向

ける。

「親方はどんな人だい？」

と、あえて抽象的で答えにくい質問をすることもある。

そして、たとえ的ハズレでも語り始めたら、話の腰を折らないように「ほう」「なるほど」「そうなのか」——と合いの手を入れて、話がとぎれないように気を配りつつ、言葉の端々を拾って、いまどういう状況にあるかを推察していく。

試しに、この対話術をわが子に用いてみていただきたい。父子の新しいコミュニケーション術に気づくはずである。

三十　「畏敬」のほかに「稚気」をもつ

お父さんは「恐い人」でなくてはならない。

粗暴の恐さではなく「畏敬」である。だから、どんなにやさしかろうと、どんなに忙しい時間を割いて一緒に遊んでくれようとも、子どもにとっては「恐い人」に変わりない。畏敬は、しつけの前提条件と言ってよい。

「畏敬の父」は、お父さんの理想像である。そうありたいと願えば、みっともない姿は子どもに見せられない。つい肩に力が入る。だが、肩に力の入ったお父さんは恐さが先に立って、子どもは近寄りがたい。たとえて言えば、不気味なキングコブラの恐さである。

これに対して、ライオンの恐さを持ったお父さんがいる。百獣の王と呼ばれる猛獣でありながら、子どもに大人気だ。咆哮すれば恐怖するライオンも、満腹になって草原に寝転がり、大あくびする姿はどことなくユーモラスで、親近感をおぼえる。鬣《たてがみ》を撫でるとシッポを振ってくれるのではないか。そんな気にさえなってくる。

恐いばかりのお父さんはキングコブラで、恐いけれども背中に飛びついてみたくなるお父さんはライオンということになるだろう。

両者の何が根本的に違うかといえば「稚気《ちき》」である。稚気があるかないか、ここに決定的な差がある。

稚気とは「子どもっぽい様子」という意味で、カリスマと呼ばれる人間はたいてい稚気に富む。ライオンのあくびがそれに当たり、キングコブラにユーモラスな仕草はない。人間も同じで、近寄りがたい〝雲上人〟であるからこそ、何かの拍子にふと垣間見せる稚気によって、下の者は親近感をいだくというわけだ。

一例をあげれば田中角栄元首相がいる。「コンピュータ付きブルドーザー」と呼ばれ、決断と実行力が高く評価された政治家で、没後二十五年が過ぎても待望論は根強い。だが、もし彼に稚気がなかったなら、果たして「今太閤」と呼ばれるほどの国民的人気を得ることができたかどうか。

三十九歳で郵政大臣として初入閣したとき、角栄はＮＨＫラジオ『三つの歌』に出演して、俠客を主題にした浪曲『天保水滸伝』を唸《うな》る。

「公共放送でヤクザ礼賛の浪曲とは何ごとだ！」

と抗議がＮＨＫに殺到したが、この「稚気」によって国民に人気が出る。

大蔵大臣当時、ワシントンで開かれたIMF年次総会の打ち上げパーティーで演歌『王将』を熱唱し、随行の大蔵官僚をあわてさせた。名門・小金井カントリー倶楽部で角栄の〝腰タオル〟が顰蹙《ひんしゅく》を買うが、「角さんらしい」と話題になる。「闇将軍」として権勢を誇った晩年、政界関係者でひしめく元旦の田中邸で、酔った角栄はテーブルの上で渡辺美智雄大蔵大臣と抱き合って「万歳！」を叫ぶ。闇将軍という猛獣が見せる稚気は、「愛すべき角さん」として人気をさらに高めたのだった。

お父さんたちにも、稚気は必要だと思う。

「パパ、セーターが裏返しだよ！」

「あっ、いけねぇ」

クスっと笑えるような、こんな稚気は楽しく、わが子とのコミュニケーションに大いにプラスになる。

神経質で、自分に〝天然の稚気〟がそなわっていないと思うなら、稚気を演出すればよい。

「メガネ、知らないかい？」

「パパの頭に乗っかってるけど」

「いけねぇ。考えごとをしていると、つい忘れてしまうんだ」

そんな程度の演出なら、いともたやすいだろう。品格にかかわれば問題だが、そうでない稚気は子どもの心をつかむだけでなく、

（パパから目が離せないな）

という〝サポートの意識〟をも持たせる。この意識が、子どもの精神的な成長に資するものと私は考える。

映画が観客を引きこむ手法の一つは「笑い」と「涙」の振幅の大きさだと言われる。人間関係も同じで、愛憎という相反《あいはん》する感情をいだく相手からは、容易に離れられないと心理学では説明する。**子どもの心をとらえ、畏敬されるお父さんは、「恐い」と「稚気」の両方を兼ねそなえている**のだ。

ちなみにポイントは「両方を兼ねそなえる」にある。私は性格的に稚気に富んでいると思っている。稽古中、椅子に座って練習を眺めていてコクリとやって、

「館長、寝ないでよ！」

と子どもたちに怒られたことも再三ならずある。

自分では「恐さ」と「稚気」の両方を兼ねそなえていると自負しているが、子どもたちに怒られることを考えれば、両者のバランスが稚気に偏っているということなのだろう。

「恐さ」を主体にして「稚気」を混ぜるのであって、「稚気」を主体に「恐さ」を混ぜたのでは畏敬にはならない。普段はニコニコ笑顔のお父さんがいきなり怒ったのでは、子どもはお父さんに裏切られたような気持ちになってしまう。反対に、恐いお父さんがひょいと稚気を見せれば、普段が恐いだけに、

（お父さん、面白い人！）

と心が浮き立つことになる。

「恐さ」にどのくらい「稚気」をブレンドするか。お父さんの、まさにウデの見せどころなのである。

三十一　「泰然とした父」でいる

試合が近づくと、子どもたちは次第に緊張してくる。初心者は未知の体験に緊張し、上級者は勝敗に思いをめぐらせて緊張する。男子はさすがに「出たくない」と弱音は吐かないが、高学年の女子あたりになると、そこまでのミエは張らない。

「ホントは出たくないんだから」

「館長が出ろって言うからよ」

私を責めて緊張のハケ口にする。

メンタル面でのサポートは一筋縄ではいかない。精神的に負荷をかけることで発奮する子もいれば、ちょっと厳しい言葉を投げかけただけで落ち込む子もいる。激励もただすればいいというものではない。勢いづいてくれればいいが、プレッシャーになって逆効果ということもある。普段から子どもの性格を見極めておかなければ、メンタル面でのサポートは効果をあげることはできない。

緊張には二種類あると思っている。一つは「試合に出る」ということに対する漠然とした緊張で、幼児や小学校低学年に多い。これに対して、高学年になると「負けると恥ずかしい」「失敗したらどうしよう」「ヘタだと思われたらイヤだな」といった自意識から緊張が生まれる。

前者に対しては、ポジティブに励ます。

「ドキドキする人」

と、幼児・低学年に問いかけると手を挙げはするが、

「メダルを取れると思う人」

と問い直しても、

「ハーイ!」

と無邪気に手を挙げる。

だから徹底して励ます。

「頑張ってメダルを取ってくるんだぞ!」

「ハーイ!」

道場はにぎやかになる。

高学年に対しては、そうはいかない。自意識から生まれる緊張なので、「周囲の目」を払拭するような励まし方になる。

「いいか、強いから試合に出るんじゃない。出るから強くなるんだ」
「観客は、おまえたちのことなんか誰も見てはいない」
「勝ち負けは考えるな。〝あの子、ファイトがあるな〟と審判に思わせろ」

本音を言えば「何が何でも勝ってこい！」と檄を飛ばしたいところだが、あえて勝敗を度外視した言い方をする。これで緊張や不安が解消されればいいが、人間の心はそれほど単純ではない。

（館長は本心から言っているのか？　自分たちを安心させようと思って言っているだけじゃないのか？）

疑念の目で私の顔をうかがう。

言葉は人の心を動かす。だが、緊張と不安に支配された人間は、その言葉を信じたいがために、相手の表情や声などから真意を探ろうとする。お父さんが、緊張と不安に苦しむわが子にメンタル面でサポートしようとするなら、言葉以外のもの——ノンバーバルコミュニケーション（非言語コミュニケーション）に留意する。

「運動会の徒競走、イヤだな」
「ビリっけつも回れ右したら一番だ。堂々と走ってこい」
「お父さんは駆けっこで勝ったことは一度もないぞ」

泰然自若として笑い飛ばしてみせる、このときの態度が勝負。本気でそう思っているとわが子に思わせるには、お父さんが本気でそう思い込むこと。カギは、お父さん自身にあるということなのである。

慰めも同じ。

「よくやった」

「次に頑張ればいいさ」

という言葉も、お父さんが本気になってそう思わないかぎり、わが子には通じない。問われるのは、お父さんの努力だ。**口先だけで励ましたり、安心させたり、慰めたりしようとするのは安易にすぎる**というのが、空手指導を通じた私の経験なのである。

三十二　「納得する言葉」で慰める

植物の成長には「語りかけ」が効果があるとされる。愛情あふれる言葉で語りかけるとスクスクと育つという。真偽のほどは知らない。言葉を花が解するかどうかはともかくとして、語りかけるようなやさしい人が栽培すれば、花の世話が行き届くだろうから、結果として見事に咲き誇ることになる。

お父さんと子どもの関係も同じだと思う。励ましたり、慰めたりしたからといってスクスク育つとはかぎらないが、**折りに触れて言葉をかけるようなお父さんであれば、子どもの成長に大いに資する**はずだ。

ただし、状況に応じてどういう言い方をするか、技術というものは当然ある。人間関係術について私は著書も多いが、道場で子どもたちに接してみて、「言葉の心理術」には、基本的に大人も子どももないことがわかっている。次に、それを紹介したい。私の経験則による〝魔法のフレーズ〟である。

一、迷いを断ち切らせて踏み出させる言葉

試合に出た経験がないため躊躇している子どもは、どう説得してもかなか納得しない。「大丈夫だよ」という安心の説得も、「誰でも最初は緊張するんだ」という気休めの説得も、「おまえなら勝てる」という励ましの説得も、いま一つ子どもの心に響かない。何事においても「初めて」は緊張するし、子どもによっては躊躇して踏み出せないことも少なくない。

説得が功を奏さない理由は、説得する側の視点で話をしていることと、言葉に具体性がないためインパクトに欠けることの二つがある。

だから私は、こんな言い方をする。

「一回だけ出場してみればいいじゃないか」

すると子どもは「そうか、イヤな思いをするのは今回だけでいいんだ」と自分で自分を納得させる。躊躇の原因は「初めて」にあるわけだから、「一回だけ」は具体的でわかりやすく、数字にインパクトがある。そして一度、踏み出させれば、「案ずるより産むが易し」ということがわかってくるのだ。

二、自信を持たせるための誉め方

第三者の口を借りるのだ。お父さんも経験があると思う。「キミは優秀だね」と直属の上司に誉められて悪い気はしないが、

（お世辞かも）

という思いもよぎる。

ところが上司から「専務がキミのこと、優秀だと誉めていたよ」と言われたらどうだろう。面と向かって誉めればお世辞くさくなるが、そこにいない人の言葉として伝えれば素直に信じるのが人間心理。嬉しさに頬もゆるむことだろう。

子どもも同じだ。

「よくお手伝いしてくれるって、お婆ちゃんが誉めてたよ」

「ハキハキと答えるって、先生が感心していたよ」

伸ばしてやろうと思う部分を、第三者の口を借りて誉めてやればいい。自分では気づかなかったことを誉められれば、「そうなのか」と自信がついてくるものだ。これはお父さんのわが子を思う愛情であって、口先のお世辞とは違うのだ。

三、その気にさせる暗示にかける

これも客観性を装う励まし方だが、「誉める人間」を特定しないで伝える方法で、銀座あたりの一流ホステスが客に用いる〝くすぐりの話術〟である。

たとえば、こんなセリフだ。

「おしゃれだと言われませんか？」

「親分肌だと言われません？」

「女性にモテると言われるでしょう？」

誰が言っているかということをあえて口にしないことで、客観的評価のように客に錯覚させ、気分よくさせる。

子どもを暗示にかけて頑張らせるには、こんなふうに用いる。

「頑張り屋だって言われないか？」

「おまえにまかせておけば安心だって言わるだろう？」

そして、

「パパの子だものな」

とでもつけ加えれば、子どもは背を押されることになる。

四、失敗したときの慰め言葉

スポーツでも勉強でも思うような結果が出ず、わが子が悄然《しょうぜん》としているとき、お父さんはたいてい慰める。このことが子どもにもわかっている。

だから「一度や二度の失敗なんかへっちゃらさ」「パパなんか失敗だらけだ」といった慰め方は、子どもにしてみれば「そう言ってくれるだろうな」という想定内の言葉。お父さんのやさしさは感じても、得心はしない。「なるほど、パパの言うとおりだ」と得心し、失敗の落ち込みを払拭させるには、言い方に工夫が足りない。

　こういうときは〝比較点〟をずらして慰めるのだ。

「テストの点が悪くたっていいじゃないか。おまえ、駆けっこじゃ一番なんだから」

「レギュラーになれなかった？　いいじゃないか、算数で百点を取ったんだから」

　おわかりだろう。テストの点と駆けっこの早さは比較点が違う。同様に、レギュラーになれるかどうかと算数の点数とも比較点が違う。だが、これを並列に扱ってみせることで、

（それもそうだな）

　と子どもは納得する。

　ごまかすのではない。子どもは落ち込みから立ち直ろうとして、自分を納得させる言葉を待っているのだ。やさしいお父さんとは、その意を汲んだ言葉を口にできる人のことを言うのだ。

第六章

子どもを奮い立たせる

三十三　小さくても良い部分を探す

「稽古中にふざけてはいけない！」

子どもたちに向かって、私が声を張り上げる。人数も多いので、マンツーマンで指導というわけにはいかない。稽古のたびに注意し、叱責するが、毎回、同じことの繰り返しになる。これに業を煮やした私は、一罰百戒で指導に臨むことにした。道場を始めた当初――二十一年前のことである。

「こら、そこの三人！　稽古中にしゃべっちゃいかん！」

「おまえたち、イエローカードだ！」

「レッドカード、退場！　三人とも外に出なさい！」

道場の外へ出した。忘れもしない、春先のことだった。これが冬場や雨の日だと体罰になってしまうし、風邪を引かせるわけにはいかないので配慮するが、春先の陽気であれば遠慮することはない。

「外へ出なさい！」

という一喝に、三人はうなだれて出て行った。

そして、さらに翌週も、稽古に不熱心な子が二人いたので、「イエローカード！」「レッドカード！」と手順を踏んで、

「外へ出なさい！」

とペナルティーを貸した。

そして一カ月が過ぎるころ、異変を感じた。

「ふざけちゃダメだ！」

先の三人組を叱責すると、

「外へ出るんですね！」

嬉々として言ったのである。

堂々とサボれるからだ。サボるくらいなら稽古に来なければよさそうなものだが、家で勉強を強要されるより、道場で友達とペチャクチャやるほうがいいのだろう。そういうことであれば、試合に勝つことはひとまず置いておいて、楽しんで稽古してくれればいいのだが、サボりはまずい。これを放置しておくと、ほかの子どもたちに悪影響を与える。

だが、「外へ出ろ」のペナルティーは逆効果。**上達にとってネガティブなペナル**

ティーは、「やる気」のある子どもにのみ有効なのだ。

そのことに気づき、今度は逆のペナルティーを課すことにしてみた。

「こらッ、そこのふざけている三人！」

「外ですか！」

「前蹴三十本！」

「ウヘッ！」

目を剝いたが、もちろん逆らうことはできず、気の乗らない顔で蹴り始めた。だが、これも効果はない。ペナルティーの辛さは、指導者の私に対して不満をいだくことでイーブンにもっていこうとする。だから稽古に身が入らず、それを横目で見て稽古する他の子どもたちに〝不満オーラ〟が伝播する。

試行錯誤のすえ、誉めることにしてみた。誉める部分がない子は素質を誉めた。みんなの前で突きや蹴りをやらせてみて、

「どうだ？　一見ヘタに見えるだろう。それはキミらが空手を知らないからだ。○○君の筋肉の使い方は素晴らしい。上手になるぞ」

こんな誉め方をする。当人も悪い気はしない。「ひょっとして自分は素質があるのかもしれない」という思いがよぎる。この思いがプレッシャーに変じていく。当人は

そうと気づかないでいるが、いい気分になったということは、それだけのプレッシャーをしょわされているということなのだ。

これを、ことあるごとに繰り返すのだ。

「おっ、さすが突きが早くなったな」

と誉め、またまたみんなの前でやらせ、さらに誉められればサボれなくなって、これがヤル気に転じていく。

自宅でやってみるといい。

「おっ、返事がいいな」

「このごろ姿勢がよくなったな」

何でもいいから、まず誉めることをさがすこと。どんな子どもでも必ず良いところがある。わが子を思うお父さんなら必ずそれができるはずだ。**じわりとプレッシャーを与えつつ、お父さんの掌中で転がし、しつけていくのだ。**

三十四　「結果」でなく「努力」を誉める

できのいい子と、そうでない子は厳然と存在する。

これが世間の価値観であり、私たちの子どもに対する評価も、この価値観に引っ張られている。子どもは能力において優劣をつけるべきものでないことは言うまでもないが、現実を直視すれば、「できがいい」「悪い」で評価される。

勉強やスポーツだけでなく、人間関係においても、可愛がられる子とそうでない子もいるし、いつも話題の中心になる子もいれば、存在感の希薄な子もいる。学業優秀にしてスポーツ万能、しかも人なつっこいとなれば、誰からも好かれる。

これが、できのいい子だ。

私の空手道場には何十人もの子どもが通ってくるが、運動神経がよく、稽古熱心で、大会に出場すれば必ずメダルを取ってくるし、性格も明るく、私の言うことを素直に聞いてくれる〝できのいい子〟は、正直言って可愛い。分け隔てなく接しているつもりだが、これは理屈を超えたものだ。

お父さんも、それは同じではないか。〝できのいい子〟には目を細めるが、ダメな子には思わずキツイ言葉を浴びせたりする。憎いのではない。可愛いのだ。可愛いからこそ期待をいだき、期待に結果がそぐわないと、歯がゆさが転じて、ついキツイ言葉になってしまう。

「おまえは、いつも一回戦負けだな」

試合のあと、わが子にそう言った若いお父さんがいる。愛情の裏返しから発した言葉であることは私にはわかるが、子どもはそこまで理解できない。だから心は傷つく。「だって、強い子なんだよ」と、言い訳する顔はゆがんでいる。

指導者の私が毒づくのなら、子どもはまだ救われる。指導者は他人であり、指導を媒介として〝対峙〟した関係にある。道場を退会すれば顔を合わせることもない。「館長、ムカつく」――と腹を立てることで、精神のバランスを取ることができる。

だが、お父さんは違う。〝対峙〟した関係ではなく、子どもと同体だ。庇護者であり、絶対的な味方である。万人が批難しても、お父さんだけは庇《かば》ってくれる。そう信じて疑わない父親から冷たく突き放されれば、子どもは顔をゆがめるしかないだろう。私が「よくやったぞ」といくらフォローしても、父親以上には子どもの心に響かない。お父さんとは、そういう存在なのだ。

だから私は、お父さんに、こう言う。

「試合に出るだけでも立派なものじゃないですか。一回戦で負けても、よくやったと誉めてやってください。励みになりますから」

そして、**「どこまでもお父さんはおまえの味方だぞ」というメッセージが、父子の絆をより強固にする**ということを話すのである。

試合の勝者は一人だ。子どもたちみんなに勝たせてやりたいが、それはあり得ない。勝敗には技量はもちろん、運動神経や体格、メンタルなど、いろんな要素が絡むため、頑張って稽古したからといって勝てるとはかぎらない。

道場での昇級・昇段審査もそうだ。コツコツと皆勤で努力していても上達の遅い子がいる。反対に、手抜きで稽古していても器用にこなす子もいる。審査すれば、器用な子が合格する。

それでいいのか？

いいわけがない。

そこで私は、子どもたちに言う。

「試合は優劣を競うものだから、型が上手な子が勝つ。組手は強い子が勝つ。稽古をサボっていても、勝てばメダルがもらえる。これが試合だ。だけど、審査会は違うぞ。

審査会は上手か下手かを見るんじゃない。どれだけ努力したか、どれだけ頑張って稽古してきたかを見る。努力すれば級が上がっていく——これが審査会だ」

過程を評価することで、努力することの大切さを学んでほしいと願っている。だから下手でも弱くても、努力した子は昇級させるのだ。

お父さんが働く世界は結果が問われる。結果だけが問われる。努力しようが、寝転がっていようが、手を抜こうが、結果を出せば評価される。成果主義とはこういうことだ。だからどうしても、結果で子どもを評価してしまう。いい結果を出せば誉めることはもちろん大事だが、**結果だけで評価するのは子どもの心を傷つけてしまうことを、お父さんはキモに銘じる**べきだ。

技量未熟なため、試合に出て一回戦で早々に負けた子どもは、決して悲しい顔をしない。気丈夫に笑顔を見せる子もいる。長年、そんな子どもたちを見てきた私は、笑顔の下に、ナイーブで、傷つきやすい子どもの心と悲しみを見る。

「よく頑張ったな」

というひと言に子どもがどれだけ救われることだろう。子どもに対する期待は、お父さんの胸にしまいこんでおくのだ。

三十五　自発的にヤル気にさせる

子どもは〝魚釣り〟と同じだ。

エサを口先で突っついてきたら、あわてて竿をしゃくってはならない。そろりと糸を引いてエサを追わせ、パクリと食いついてしっかり針掛かりさせてから、リールを一気に巻き上げる。これが確実に釣り上げる基本だ。

「今日の稽古、頑張れるかな？」

道場で、子どもたちに問いかける。

「やれません」

と答える小学生はいない。中・低学年であれば「やれます！」と元気よく答えるし、高学年であれば、ややテンションが下がるが、それでも「やれます」と返事する。

そこで「よし、やるぞ！」と稽古を始めるのは拙劣。竿をあわててしゃくるのと同じで、子どもたちはまだパクリと食いついていないため、釣り逃がしてしまう。

元気一杯の「やれます！」も、声を落とした「やれます」も、「頑張れるか？」と館長の私に問われたから発した返事だ。受動的である。高学年にいたっては「やりたくないな」というのが本音。

これを、どう能動的なヤル気に転じるか。

私は、こう問いかける。

「腰がしっかり落とせるか？」

「はい」

「足が痛いぞ」

「大丈夫です」

「口先だけならなんとでも言えるぞ」

「違います、本当に腰を落とします」

「思い切り声が出せるか？」

「出せます」

「信用していいか？」

「いいです！」

「やれるか？」

「やれます！」

釣り糸を少しずつ引いてエサを追わせておいて、パクリ――「やれます！」と決意表明しところで、

「よし、やるぞ！」

リールを一気に巻き上げれば、見事に釣り上げることができるのだ。

人間は――子どもも大人も――命令でやらされれば不満をいだくが、自分たちが言い出したことであれば、言行の不一致は精神の整合性がとれなくなってしまうため、頑張る。

だから、**わが子に何かさせようと思ったら、自発的に前向きの言葉を口にするよう仕向ければいい**ということになる。

「勉強は？」

「これからやるよ」

「そうか、頑張れよ」

と締めくくったのでは、「お父さんに言われたから仕方なくやる」になってしまい、本気で頑張らない。竿のしゃくりが早すぎるのだ。

ここは少し糸を引いて、エサを追わせる。

「このところ頑張ってるんだってな。お母さんが誉めてたぞ。今日は何分くらいやる

つもりだ？」

「二時間」

「おいおい、そんなにできるわけないだろ」

「できるよ」

「できないよ」

「できる」

「無理しないほうがいいんじゃないか」

「無理なんかじゃない！」

バクリと食いついたところで、

「そうか、エラいな」

リールを素早く巻き上げるのだ。

いかにして「やらされる」から「やる」に転じるか。ここが、お父さんの知恵の見せどころなのだ。

三十六　夢をもつことの意味を語る

私は折りにふれて、子どもたちにこんな質問をする。

――大きくなったら何になりたい？

「警察官！」

「消防士！」

「新幹線の運転手！」

「私は看護婦さん」

と、先を競って声を張り上げたのは、今は昔。

「ウーン」

と多くが考え込んでいる。無邪気に将来の夢を語らなくなった。これが、空手道場で子どもたちに接して二十一年になる私の実感である。

そんななかで、五年生の男子児童が手を上げ、

「ボクは公務員になりたいです」

と言ったことがある。

聡明で、自分の意見をハッキリと口にできる子なので、その理由を尋ねてみると、

「生活が安定しているから」

そう答えてから、

「頑張って、勉強して、国家公務員になれればいいと思います」

と、つけ加えた。

国家公務員は行政の最前線にあって、日本を動かす重要な仕事だ。やり甲斐もある。だが、この児童が国家公務員を志向する理由は「仕事への憧れ」ではなく、「生活の安定」なのだ。食事のときなど、お父さんがそんな話をして聞かせているのだろう。平成という不況の時代をくぐり抜けてきた父親にしてみれば、わが子には雇用で苦労をさせたくないと思うのは親心だ。

それはわかる。

だが、「夢」は「生活の安定」の対極にあるものではないのか。現実に縛られず、自由に思い描くから夢であり、夢であるからこそワクワク感がある。そして、子どもの成長にとって何より大切なことは、ワクワク感をもって成長していくことだと私は思っている。なぜなら、**夢をいだくことのできる子どもは人生に前向きで、少々の挫**

折ではへこたれることがないからだ。

私は保護司を拝命して十八年になる。これまで、犯罪を犯した青少年たちの更生に助力してきてつくづく感じるのは、彼らの多くは夢を持つという生き方が希薄で、話をしても夢を語ることができないでいる。

「将来、何をやりたいんだい？」

「別に……」

「やりたい仕事は？」

「……」

「十年後、キミは何をしているかな」

「さあ……」

人生に対して夢がない。欲がない。だから頑張って日々を送る理由も、自分を奮い立たせる動機もない。そして、彼らに子どものころいだいた夢が何であったか問うと、多くは鼻で笑うばかりだ。

そんな若者に接していると、「夢を持つ」という生き方の意味を、ひしひしと感じる。子どもにとって大切なことは、算数ができることでも英会話ができることでもない。夢をいだくこと、その夢を眼を輝かせて語ること、そしてワクワク感をもって毎日を生きることだ。心配しなくても――それが漠とした夢であろうとも――「将来」が念頭にある子どもは、勉強もおのずと頑張るようになる。

空手の指導も同じで、上達させるには技術指導よりまず、夢を持たせることだ。

「黒帯になりたい」

「チャンピオンになりたい」

「オリンピックに出たい」

――何だっていい。**その子がワクワクするような夢を描けるような話をする。そして夢は希望として具体化させ、目標という現実を設定させる。**

「あの山に登りたい」

と発心することが子どもには何より大事で、頂上はおろか中腹にさえ到達しないことも多いが、それで構わない。成長していくにつれて夢もまた変わっていくだろうし、現実に適応する能力も身につけていくからである。

国家公務員になりたいと語った児童に、私はこう問うてみた。

「生活が安定するためなら、国家公務員でなくてもいいんじゃないのかい？」

児童は返事に詰まった。私はそれ以上は言わず、「頑張るんだよ」と励ましてこの話題を打ち切った。**お父さんがわが子にどんな夢を持たせるか、それはお父さんの人**

生観に帰することだと考えたからだ。言い換えれば、そこまでの自覚をもってわが子に接するお父さんが、いったいどれだけいるだろうか。道場で子どもたちに接していて、私がいつも思うことだ。

夢は、楽しくあるべきだと私は思っている。難しく考える必要はない。大事なことは、「夢をいだく」というワクワク感を子どもに味わわせてやることだ。だから父子が一緒になって語り合う。「ボクの夢はパパの夢、パパの夢はボクの夢」という〝夢のキャッチボール〟が、子どものワクワク感を喚起するだけでなく、お父さんに対する親愛の情をより篤《あつ》くしていく。

「ボク、宇宙飛行士になりたいな」

「いいねぇ、宇宙飛行士か。パパもなりたいな」

「パパが？」

「うん。宇宙遊泳なんか楽しそうじゃないか」

「空中を泳ぐんだよね」

眼を輝かせ、父子でこんな会話ができれば、なんと素晴らしいことだろうか。

三十七　わが子の存在意義を伝える

「自分は必要とされて生きている」――この「存在意義」の思いがあるかないかで、人生を前向きに生きていけるかどうかが決まる。

「自分なんか、いてもいなくてもいいんっスよ」

私が担当した保護観察の少年で人生に無気力な子の多くは、こんな言葉を口にする。

「そんなことはないぞ」

と励ましても、聞く耳は持たない。少年とはいえ、犯罪をおかし、人生のリアルに嘆息する彼らには所詮、保護司のきれいごとにすぎない。

だから理屈で説くのではなく、私も「稼ぐ」というリアルで、彼らの人生に対する欲を刺激する。仕事をすることで稼ぐことの面白さを肌身で知れば、放っておいても自分の将来に目が向く。一介の職人に甘んじるのか、独立し、人を使って大きく稼ぐのか。「必要とされて生きている」という明確な認識はなくても、「生きる」は彼らにとって、まさに目前のリアルなのだ。

子どもも同じだ。低学年で引っ込み思案の子は、いつも道場の隅にいる。声を出すこともなければ、「こうしたい」「ああしたい」という意志表示をすることもない。こういう子どもには、「自分は必要とされている」という状況を私のほうでつくってやる。子どもたちをグループ分けし、その子より学年が下の初心者を何人か担当させるのだ。引っ込み思案だから、指導はおろか、号令をかけることもできないが、放っておく。そして稽古が終わってから、その子を呼び、

「ご苦労さん。あれでいい。初心者はちゃんと稽古ができないから頼むぞ」

励まし、これを稽古のたびに繰り返すことで、その子は次第に号令がかけられるようになっていく。馴れもあるだろうが、「自分は必要とされている」という思いが自信につながっていくのだ。

これを家庭生活に応用すれば、**「頼むぞ」と言える役割——それも、ごく簡単で継続できることを子どもにさせればいい**。幼児であれば、たとえばお父さんの肩をトントンと叩かせるだけでもよい。「頼むぞ」は、子どもからすれば「頼まれる」であり、この意識が「自分は必要とされている」という自信に昇華し、物事に対して前向きに取り組む原動力になっていくのだ。

高学年になると、知的好奇心を刺激するほうが効果的なので、「存在意義」をスト

レートに説くが、「役割の身体論」を持ち出すのは感心しない。「足の裏がなければ、人間は立つことも歩くこともできない。頭も、手も、爪も、心臓もすべて、それぞれ必要とされている」という、例のたとえだ。このたとえを肯定的にとらえて奮起するのは、一定の年齢になって自分の限界が見えてからで、これから青雲の志をいだく子どもたちは、誰だって〝足の裏〟になりたいとは思わないだろう。だから心に響かない。きれいごととして耳をスルーである。

私は直截《ちょくさい》的に「存在意義」を説く。たとえば、道場に備えつけたホワイトボードを使いながら、こんな話をする。

「算数の得意な人！」

ワイワイガヤガヤと反応したところで、

「キミらが存在しているのは両親——つまり二人の親がいるからだけど、両親がこの世に存在するには、それぞれに両親が必要で、これがキミらのお爺ちゃんとお婆ちゃんだね。となれば、この段階で、キミらが存在するには四人の存在が不可欠になる」

ここまでは子どもたちも現実として理解できる。

「では、お爺ちゃんとお婆ちゃんが存在するには、さらにそれぞれに両親が不可欠になる。これで、キミらから見れば十四人になる」

と、家系図をホワイトボードに描いて、

「こうしてさかのぼっていくと十代前では何人になるかな？　算数の得意な人は答えて」

口々に勝手な数字を言ったところで、

「十代前で二、〇四六人、二十代前にさかのぼると二百万人以上になる。キミら一人がこうしてこの世に存在するためには、実にこれだけの〝命のバトン〟がある」

これ以上のことは言わなくてかまわない。「すげぇ！」「すごい！」――という思いを持ってくれるだけで充分だ。命というものの不可思議さに気づき、自分の命は先祖から脈々と受け継がれてきたものであるということが実感としてわかれば、否応なく「自分の存在」を認識するようになる。前向きの人生は、ここをスタートとするのだ。

そして**「過去無量の命」を引き継いでいまの自分があるということに気づけば、命を粗末にすることもない**だろう。少なくとも、「命は授かったもの」ということは認識できるはずだ。

三十八　いじめの跳ね返し方を伝授する

悪ガキ風の中学生が、道場に見学にやって来て、こう言った。

「Aがここに通っているでしょう？　あいつ、いじめられっ子なんだけど、性格が変わって強くなっちゃったんだ。空手って、そんなにいいものかと思って」

大マジメなのだ。そして入会し、A君とともに各種大会で活躍するまでになる。

武道を習えばいじめから解放されると結論するのは短絡的だが、気持ちを強くさせるということにおいて一定の効果はある。技量が向上するまでに年単位の期間を要するため、目前のいじめを解決するには即効性に欠けるとしても、習っておいて損はないと私は思っている。

では、わが子が学校でいじめにあっていると知ったとき、お父さんはどう対処すればいいか。

学校に出向き、担任に相談する。これが基本。それでもいじめがおさまらなければ転校するのも一法である。だが担任の尽力も、転校も、その場しのぎの〝対症療法〟

にすぎない。武道を習わせ、心身ともに強くするのは〝漢方薬療法〟のようなもので、目前のいじめには間に合わない。となれば、「いまの自分」で、いじめを跳ね返すしかない。難しい。難しいからこそ、お父さんの助言が必要になる。

俳優・渡哲也は一人息子が幼稚園時代、いじめにあったと『渡哲也　俺』（柏木純一著／毎日新聞社）のなかで明かしている。目が悪かった息子はガキ大将の三人組から「メガネ猿」と言ってからかわれるようになる。そして、泣きながら帰宅したある日、「どうすればメガネ猿と言われなくなるかな？」と問われた渡哲也は答える。

「おまえがメガネをかけているのは事実なのだから、メガネ猿と言われても仕方ないだろう。だが言われたくなかったら、言われないようにするしか方法はない。それはひとつしかない。からかう三人の中で一番強いやつを喧嘩で打ち負かすことだ」

そして翌日の放課後、息子は幼稚園の門の前で待ち構え、一番強いやつが出てきたところを殴ってやっつけた。報告を聞いて渡は誉めてやるが、息子は復讐を恐れ、その夜は眠れなくなる。

渡はこうアドバイスする。

「今度は二番目に強いやつをやっつけろ」

翌日、門の前で待ち伏せるが、事情を知った幼稚園によって止められ、息子は「お父さんとの約束が果たせなかった」と言って泣いたという。こうして息子はいじめから解放され、一転、ワンパク坊主に育っていく。

わが子にケンカを勧めるお父さんは、そうはいない。渡哲也の流儀であって、どこの家庭にも当てはまることではない。いじめられっ子にケンカを仕向けるのは危険だ。ケンカする度胸がないから、いじめられているのだ。

「やってこい！」

と、お父さんにハッパをかけられれば、苦しむのは子どもだ。自分に置き換えてみればわかる。

「チンピラなんか強がっているだけで、たいしたことない。行ってブッ飛ばしてこい！」

と言われて、お父さんの何人が実行できるだろうか。不甲斐なさに、ますます落ち込むことになる。

渡哲也もそれは承知していたと思う。それでもけしかけたのは、「うちの子なら実行する」と、子どもの性格を見抜いていたからだろう。私はこのエピソードから、**いじめの解決に王道はなく、お父さんがわが子の性格を見抜き、それに合った解決法を模索するしかない**と痛感した。

気が弱くて引っ込み思案の子は――男子も女子も――たとえば毎朝、お父さんと一緒にランニングする。雨の日も風の日も、ひたすら走る。いじめを解決しようとするのではなく、気持ちを強く持たせることで、いじめは解消していくと考える。朝は眠い。子どもは嫌がるだろう。それをいかにして継続させるか。ここがお父さんの努力であり、ウデの見せどころでもある。

「えらいぞ！」

という言い方で誉めてもいいし、

「おまえはたいしたもんだ。お父さんは眠いよ」

と、ボヤくことで子どものプライドをくすぐってもいい。

「お母さんが俺たちのことを感心しているぞ」

と連帯感をあおってもいい。

お父さんのキャラ、子どもの性格に応じて対処するのだ。

人間社会において、いじめは決してなくならない。**幼稚園から会社まで、いじめはついて回る。いじめに対しては〝鉄の鎧〟を心にまとって跳ね返すしかない。**このことをどう教え、メンタルを強くしてやるか。お父さんの責務である。

第七章

危機管理をする

三十九　危機管理❶　対処より回避を

世界一治安がいいと言われた日本も、防犯カメラの設置が当たり前になった。白昼、子どもが凶悪事件に巻き込まれたり、衆人環視の電車内で暴力を振るわれたりもする。「義を見てせざるは勇なきなり」と教えたのは今や昔。自己中心の価値観は「自己責任」という傍観者意識を生み、危機に陥っても手を差し伸べてくれる人は少ない。

治安において日本社会は、「護ってもらう」から「自分で自分の身を護る」というセルフディフェンスの時代になった。コンクリートジャングルとは言い古された言葉だが、文字どおり現代社会は、獣がそこかしこに棲息している。このことをまず、家族連れで外出するお父さんはキモに銘じていただきたい。

護身の基本は「対処」より「回避」である。いざというときに備えて対処法を念頭に置くことは大事だが、それはトラブルに見舞われたときのことで、トラブルを未然に回避することができれば対処は不要となる。そういうことから、「回避」こそ、究極の護身術ということなる。

剣豪・塚原卜伝《ぼくでん》に、こんなエピソードがある。卜伝の高弟が往来を歩いていて、馬の後ろを通ったときのことだ。馬がいきなり後ろ足で蹴り上げてきた。

「危ない！」

と通行人たちが叫ぶより早く、高弟はひらりと身をかわしたのである。

「さすが卜伝先生の高弟だ」

と、それを見ていた人たちは称賛したが、この話を聞いた卜伝は、

「未熟者め」

と言って、高弟に免許皆伝を与えなかった。

そして、後日。卜伝が往来を歩いていて馬に出くわす。高弟と同じ状況である。卜伝はどうしたか。馬のそばを避け、遠く迂回して、何事もなく通り過ぎて行ったのだった。それを見て、なぜ卜伝が高弟に免許皆伝を与えなかったか、みんなは納得する。

「君子危うきに近寄らず」

とは、こういうことを言う。

コンビニの駐車場にワルガキがたむろしていたら別店に行けばいい。コソコソ逃げ

るようで、子どもの手前、みっともないと思うなら、

「○○でソフトクリームを食べよう」

とでも言えばよい。「**戦わずして難を避けるが上の上、戦って難を逃れるが中の中、戦って負けるのが下の下**」——**これが護身の極意なのである。**

家を一歩出ればトラブルのタネはいくらでも転がっている。子どもがヨチヨチ歩きから幼児、小学生と成長するにつれて、外出の機会はどんどん増えていく。好奇心旺盛で元気盛りの子どものことだ。電車や飲食店で騒ぐこともあり、それだけ周囲とのトラブルに遭遇する可能性も高くなる。

だから子どもを連れて外出するときは「トラブルになったときにどうするか」ではなく、「**トラブルにならないようにするにはどうするか**」**ということを第一に考えて行動する**。これが、お父さんの基本的な処し方なのである。

四十　危機管理❷「かもしれない」の発想

夏場、湿地帯や山道を歩くときは、道の両脇や周囲に神経をとがらせる。ヘビもいれば、かぶれる植物も生えている。何が飛び出てくるかもしれず、自然と視線はキョロキョロ動く。

海だってそうだ。クラゲに刺されるかもしれないし、南の海であればウミヘビや毒タコなど危険生物が音もなく潜んでいる。山であれ海であれ、危険生物に立ち向かっていくのは愚かなことで、危険因子をいかに早く発見して回避するかがポイントになる。

トラブルも同様だ。回避するには「危険察知センサー」を研ぎ澄ますことだ。具体的には〝かもしれない〟という意識で四方に神経をとがらせる。訓練によって「危険察知センサー」は確実に感度を増す。山や海で周囲に神経をとがらせるのは、「危険が存在するかもしれない」という〝かもしれない〟の意識で行動しているからである。

ところが、日常生活ではどうか。〝かもしれない〟で行動する人は少なく、「大丈夫だろう」の〝だろう〟でいる。「セルフディフェンスの時代」になったという漠然とした思いはあっても、本心からそうは思っていない。

だから、トラブルに遭遇する。

数字を示せばわかるが、国内の犯罪件数は年間120万件以上。これは警察庁の認知件数だから、飲み屋でケンカになった、路上でチンピラに恐喝されたといった事件はカウントされていない。あわやケンカ——といった危機を含めればトラブルは天文学的数字になるだろう。

私たちの暮らす社会は、ジャングルにも勝る危険地帯であるにもかかわらず、このことを認識する人は少ない。

コンクリート・ジャングルには猛獣もいれば毒蛇もいる。ワニも、サソリもいて、虎視眈々とエサを狙っている。それにもかかわらず、

「虎なんかいないだろう」

「毒蛇なんかいないだろう」

「いるはずがない」

と、私たちは楽観して生きている。危機に直面して、「まさか！」と青くなって狼狽

するのは当然だろう。

お父さんが一人でいるときなら、走って逃げることもできる。だが、家族を連れていれば、そうはいかない。家族を守るために身を挺してケンカし、弾みで相手にケガでもさせれば事件になる。自分がケガをしても、させても、社会的ペナルティーを負わされてしまう。子どもが恐怖し、トラウマになれば人生にかかわってくる。

だから**家族を連れて外出したときは、〝かもしれない〟で危険センサーを四方に張りめぐらせる**。

暗い夜道で前方から人が歩いて来れば、「まさかカラまれることはないだろう」「カラまれるはずがない」と根拠のない楽観にすがるのではなく、

「カラまれるかもしれない」

という警戒心を持つ。そうすれば、おのずと自分はすれ違う側、家族は自分を挟んで歩かせることになる。こうしておけば、子どもがよそ見して相手にぶつかることもなく、カラまれる口実の芽を摘むことになる。常に〝かもしれない〟という意識を持ち、危険察知センサーをはたらかせていれば、間違いなくトラブルに遭遇するリスクは激減するのだ。

講演やセミナーでこんな話をすると、

「それって疲れませんか？」

「そんなに神経をとがらせていたらノイローゼになりますよ」

といった異議が必ず出てくる。

そんなとき、私はこう言う。

「クルマを運転しているときはどうですか？　前方を注視しつつ、バックミラーとサイドミラーで後方に視線を走らせ、左右にも気を配り、スピードメーターをチラリと見やって速度に留意し、さらに青信号のまま行けるか赤になるか、追い越しはできるか、車間距離はどうか、一時停止の標識に留意し、さらに子どもが飛び出してこないか……。多量の情報を瞬時に処理しています。ノイローゼになりますか？」

馴れなのだ。密林に暮らす小動物は、眠っているときも危険察知センサーを働かせているが、神経衰弱になることもなければ「疲れた」とも言わない。

危険を事前に察知して回避するには、**呼吸をするがごとく**、「**かもしれない**」という**シナリオを常に想定できるよう習慣化することが大事**なのだ。

四十一　危機管理❸　相手の土俵に乗らない

ガラの悪い男にカラまれたからといって、いきなり殴りかかってくることはない。手を出せば、傷害罪で一発アウト。だから恐れることはなく、毅然として対峙すればよい。繰り返しておくが、いきなりポカリということは絶対にないのだ。

では、ガラの悪い男はどうやってインネンをつけるか。意外かもしれないが、論理的に攻め、「おまえが悪い」という図式に持っていく。手を出した場合を想定し、手順を踏んでカラんでいるのだ。

たとえば、こんなふうになる。

「こらッ、人の顔、なにジロジロ見てるんだ！」

「見てませんよ」

「見てねえ？　じゃ、てめえ、オレがウソついてるってのか？」

「ついていません」

「じゃ、見てるってことじゃねぇか！　ちょっとこっち来い！」

おわかりだろうか。「見てません」という返答を逆手に取り、テコにし、「じゃ、オレがウソつきか」と恫喝していく。

「ウソつきです」

と言えば、

「この野郎！」

となる。

「ウソつきではない」

と返答すれば、「ジロジロと顔を見た」は論理的に事実となり、結論は「ジロジロと見たおまえが悪い」ということになって、インネンは正当化される。

実際、こんな例がある。知人の若いサラリーマンのS氏が家族を乗せて運転中、路地の四つ角で対向車とぶつかりそうになったときのことだ。男が高級外車から降りてくるなり、

「どこ見てやがる！」

巻き舌で恫喝した。短髪の大柄で、金縁の色つきメガネを掛けていて、いかにも粗暴な感じだった。奥さんと小学生の子ども二人を車内に残し、S氏が応対する。「家族が見ていますし、一時停止義務は向こうにあるので、私も強気でした」とは後日、

S氏が私に語ったことだ。

「なんで停まらないんだ！」

と男が攻めてくる。

「おたくが一時停止でしょう」

S氏が踏ん張る。

「てめぇ、オレが停まらなかったって言うのか？」

「停まらなかったじゃないですか」

「それがわかっていて、てめぇはなんで停まらねぇんだ。この野郎、わざと突っ込んできやがったな。てめぇ、ケンカを売る気か！」

「ケンカなんか売ってません」

「じゃ、なんで能書き言うんだ！」

ガンガン押しまくられ、言葉に窮したところで、

「バンパーかすったから修理代を寄こせ」

と難クセをつけられ、その場で五万円を支払ったという。

「妻子が見てますからね。話がもつれて殴られでもしたらみっともないという思いもありますし、相手の言うことも一理あるような気にもなってきて……。早く話をおわ

りにしようと思ったんです」

と、S氏は言ったものだ。

似たようなケースはいくらでもある。肩がぶつかったとか、飲食店で子どもの足が当たったとか、難クセをつけるネタはいくらでも転がっている。難クセをつけられたお父さんも、相手が暴力を振るってきたのであればともかく、身の危険を感じたくらいでは一一〇番はしにくい。こうしたグレーゾーンのトラブルは、警察が介入しないだけに厄介なのだ。こんなとき、お父さんはどう対処すればいいか。

相手の土俵に乗らないのだ。

「人の顔、なにジロジロ見てるんだ」

という攻めに対して、

「見てません」

と答えたのでは相手の土俵。

同様に、

「なんで停まらないんだ」

「おたくが一時停止でしょう」

「ケンカ売る気か」

「売ってません」

というのも相手の土俵だ。問いかけに答えること――これが相手の土俵なのだ。図式で書けば「Catch→Answer」で、これがまずい。ケンカなれした人やディベートに強い人は、**意識して**「**Answer**」**を素っ飛ばし、**「**Catch→Question**」**にもっていく。話を噛み合わせない**。相手の土俵には絶対に乗らないのだ。

「人の顔、なにジロジロ見てるんだ」

「何かご用ですか？」

相手は〝二の矢〟に詰まる。

「なんで停まらないんだ」

「どうしてもとおっしゃるなら、警察を呼んでいただいても構いませんが？」

「ケンカ売る気か」

「交番に行きますか？」

話を噛み合わせない。こういう言い方をすると〝火に油〟で相手の怒りを誘うように思うかもしれないが、それは誤解。噛み合わない難クセは恐喝になることを彼らはよく知っている。だから**恫喝に対して堂々と胸を張り**、〝**別の土俵**〟**で紳士的に対応すれば相手は攻め手がなくなり**、捨てゼリフを吐いて立ち去ることになるのだ。

四十二　危機管理❹　店では席に気を配る

レストランやファミレスで他の客にカラまれることは、まずないと思ってよい。リスクが高いのは居酒屋だ。安価で品数も多いため、早い時間は家族連れも見られる。お父さんは大ジョッキで、お母さんは小ジョッキ、子どもはジュースに焼き鳥を頬張っている。仲睦まじい光景だが、酒席である。ちょっとしたことでカラまれたりする。

お父さんも素面《しらふ》であれば冷静に対処もできるだろうが、双方、酒が入っていれば売り言葉に買い言葉。家族を連れていると なると、お父さんも引っ込みがつかず、エキサイトしたりする。

これは私の居酒屋での経験だが、タチの悪いチンピラたちが、隣の席に座っていた家族連れの子どもをダシにしてカラんだことがある。

「よう、枝豆やろうか」

坊やに声をかけるや、

「ほらよ」

と、中味を食べたあとの枝豆の殻を投げつけて笑ったのである。

「帰ろう」

お父さんがムッとした顔で立ち上がると、

「ものをもらってその態度はねぇだろ」

と、険しい顔をして見せたのである。

チンピラたちは三人。サラリーマン風の若いお父さんは何も言い返せなかった。家族の手前、屈辱感はいかほどのものであったろう。私はカウンターに座っていたのだが、見かねてチンピラたちに声をかけ、その場を収めた。

トラブルを考えれば、居酒屋のような店には家族を連れて行かないことがいちばんだが、それでは溺れるのが恐いから泳がないという発想と同じで、生産的ではない。泳ぐなら、お父さんが安全と見極め、家族と楽しめばいい。

そこで、リスク回避の基本を紹介しよう。居酒屋にかぎらず、店での処し方に共通するので、覚えておくといいだろう。

まず、店内をさっと見渡し、酔っ払いやガラの悪そうな人間、さらに騒がしいグループがいないかを確認し、彼らから離れた席に座る。

「あっ、そこは予約なんで、こちらへ」

と言われたら、さっさと店を出る。先のページで紹介したように「君子危うきに近寄らず」が最優先となる。

「どうぞ、お好きな席に！」

ということであれば、入口が見通せる席に座る。どんな客が入ってくるか、お父さんはそれとなく注視する。ガラが悪そうな人間が入ってくると、どこに座るか目で追っていて、近くの席にやって来るようだと早々に席を立つ。家族の安全第一であることを忘れてはならない。

私はこれが習い性になっていて、馴染みのレストランを予約するときは店の一番奥、入口と全体が見渡せる席を頼んでいる。壁を背にするため安心して食事ができる。

意外に見落としているのがトイレの場所だ。トイレの近くや通路に当たる席は絶対に避けること。頻繁に他の客が通るため、足が当たったり、身体がテーブルにぶつかったりして、トラブルになる確率が格段に高いことは知っておくべきだ。

「そこまで注意しなければならないのか」

と溜め息をついてはならない。そこまで注意するから、家族が楽しんで飲食することができるのである。

傷害事件は日常茶飯事だ。しかも、見も知らぬ他人のことなど誰も関心も持たないかもしれないが、ニュースを注意して聞いていると、

「……飲食店で口論になり……」

と、アナウンサーが報じるケースが多いことに気がつく。だが私に言わせれば、**飲食店でのトラブルのほとんどは、周囲に気配りすることで防げる**のだ。

それでもカラまれたらどうするか。店の対応を当てにしてはならない。店員は酔っ払いを止めてはくれるだろうが、カランでいる人間も店にとっては客なのだ。

「まあまあ、お客さん」

となだめる程度で、ニュートラルな立場をキープする。しかも大騒動にはしたくないので、身に危険が迫らないかぎり、警察に通報することは絶対にない。

だから、お父さんがためらわず携帯で一一〇番をして、あとは警察官にまかせる。これが最善の方法であることをキモに銘じておいていただきたい。**お父さんの勇気とは酔っ払いに立ち向かうことではなく、一一〇番をすること**なのである。

四十三　危機管理❺　駅で気をつけること

電車とホームは〝危険の宝庫〟である。

ぶつかった、足を踏んだ、携帯電話が鳴った、大股で座っていて席を詰めない、ヒジが当たったのに知らん顔……。腹が立つことが多く、眉間に皺を寄せて相手をニラみつけようものなら、

「なんだ、この野郎！」

ケンカになる。

夜になれば酒が入る。だから電車やホームの酔っ払いの多くはサラリーマンで、理性のタガが外れ、日ごろの鬱憤を見ず知らずの人にぶつけてくる——というパターンである。

カラまれても、それに応じないでいれば暴力的な意味で身の危険は少ないが、一緒にいる家族が怖がってしまう。理性をなくした酔っ払いは子どもには不気味な恐さがあり、お父さんが何の対処もしないとなれば、権威は傷つく。

ここが問題なのだ。お父さんは家族の身を守ると同時に、子どもを怖がらせないことが大事になってくる。

そこで、どうするか。

私もホームで酔っ払いにカラまれた経験は少なからずあるが、

「うるさい！」

と応じると、酒の力もあり反作用で相手も強気に出てくる。これは酔っ払いの習性である。しかもケンカになって相手がホームから転落でもすればえらいことになってしまう。ホームでのケンカは、どういう理由があるにせよ、絶対に避けるべきなのだ。

私は笑顔であしらう。反作用が起きないようにいいなすのだ。ただし、「お父さん、ご機嫌だね」といった軽口はNG。酔っていても軽口に対しては敏感に反応するもので、

「なに言ってやがる」

火に油ということになる。

酔っ払いをいなすには、問いかけが効果的だ。

「お父さん、どこで飲んだの？」

問われると無意識に答えようとするのが人間心理で、

「新宿……」

「いい店があるの？」

「あるよ」

こんな調子で会話し、スッと引くのがコツ。**家族連れの場合は、特にこのときの笑顔が大事で、子どもの目には〝余裕のパパ〟に見える**。恐怖心はどこかへ飛んでしまい、頼もしく思うことだろう。

もし、粗暴な酔っ払いであれば、家族をガードしておいて、手近な男性に「駅員さんを呼んでください！」と大声で言う。

視線を据えて頼むのがポイントで、「誰か！」と不特定多数に呼びかけたのでは動かない場合がある。自分を見つめて「呼んでください！」と言われれば、義務感が生じる。居酒屋での一一〇番と同じで、声を張り上げるのも、お父さんの勇気なのだ。

私はホームをさっと見渡し、酔っ払いや、行儀の悪い若者グループがいたら避ける。**離れた位置で電車を待ち、彼らと同じ車両には絶対に乗らない。乗った車両に〝危険人物〟がいたら、次の駅でさっさと車両を変える**。家族を連れたお父さんであれば、最低限、留意すべきことである。

四十四　危機管理❻　夜道を歩くとき

地元の小学校から依頼を受け、防犯を主眼とした「子ども護身術セミナー」を開いたことがある。日を替えて二つ小学校でやった。不審者からわが子をどう守るか、関心の高さを感じたものだ。

「**護身術とは暴漢をやっつけることではなく、逃げるためのものである**」

といった話をし、実際にどうやって逃げるか、空手の技を応用した護身術を子どもたちに実地指導したのだが、お母さん方も参加していたので、ＰＴＡ役員から、

「母親が子どもと一緒に近所に買い物に出かけた帰りの夜道など、不審者に遭遇したときにどう対処すべきか、その方法も教えていただけないか」

と要望された。

母子で買い物に出かけることはよくあるだろう。夕食の支度前であれば、お父さんはまだ帰宅していない。冬であればすでに暗くなっている。

要望にこたえて夜道の歩き方を話した。母子の安全を考えれば、このことを教える

のはお父さんの役目だと思うが、何人が実行しているだろうか。何も指導していないとしたら、家族の危機に対する意識が低いと言わざるをえない。

夜道の歩き方について結論を言えば、歩くルートを決め、周辺を熟知することだ。

「コンビニはどこにあるか」

「交番はどこにあるか」

「そこに警官は常駐しているか」

「商店はどの店が何時まで開いているか」

「いつも外灯をつけている家はどこか」

「どこの家なら助けを求めて飛び込めるか」

といった目で、歩く道をルート別に再確認しておくのだ。

試しにいま、ルート別に思い浮かべてみるといい。コンビニと交番はすぐに思いつくだろうが、そこに警官が常駐しているかどうかとなると、自信がなくなるのではあるまいか。さらに外灯をつけている家、助けを求めて飛び込めそうな家はどこかとなると、返答に詰まるだろう。

毎日、目にしてはいても、「助けを求められるか」という危機意識を念頭に置いて見てはいない。うろ覚えで、いざというとき役に立たないのである。

だから、お父さんが何度か母子をつれて、ルート別に一緒に歩くことだ。

「前から怪しそうな人が歩いてきたときは、ここを右に曲がってコンビニに入ればいい」

「後から人が歩いてきて気になれば、そこの店に入って先に行かせる」

「このあたりは入る店も飛び込めそうな家もないから、スマホを出して電話をかけるふりをする。〝いま××丁目の××のところを歩いているんだけど〟って大声で言えばいいだろう」

ゲーム感覚でシミュレーションしておけば、いざというとき役に立つだけでなく、安心して歩くことができる。母子の防犯意識を喚起することにもなるのだ。

向谷匡史（むかいだに・ただし）
1950年、広島県呉市出身。拓殖大学卒業後、週刊誌記者などを経て作家に。浄土真宗本願寺派僧侶。保護司、日本空手道「昇空館」館長として、青少年の育成にあたる。著書に『考える力を育てる 子どもの「なぜ」の答え方』（左右社）、『浄土真宗ではなぜ「清めの塩」を出さないのか』（青春出版社）、『親鸞の言葉　明日を生きる勇気』（河出書房新社）、『角栄と進次郎 人たらしの遺伝子』（徳間書店）など多数。

子どもが自慢したいパパになる
最強の「お父さん道」

2018年9月25日　第1版第1刷発行

著者　向谷匡史

発行者　株式会社 新泉社
東京都文京区本郷2-5-12
電話　03（3815）1662
FAX　03（3815）1422

印刷・製本　創栄図書印刷 株式会社

ISBN978-4-7877-1814-3 C0030